GÜTERSLOHER
VERLAGSHAUS

Zwischen Autonomie und Angewiesenheit

Familie als verlässliche Gemeinschaft stärken

Eine Orientierungshilfe
des Rates der Evangelischen Kirche
in Deutschland (EKD)

Gütersloher Verlagshaus

Im Auftrag des Rates der Evangelischen Kirche in Deutschland
herausgegeben vom Kirchenamt der EKD

Bibliografische Information der Deutschen Nationalbibliothek
Die Deutsche Nationalbibliothek verzeichnet diese Publikation in der Deutschen Nationalbibliografie; detaillierte bibliografische Daten sind im Internet über https://portal.dnb.de abrufbar.

FSC
www.fsc.org
MIX
Papier aus verantwortungsvollen Quellen
FSC® C014496

Verlagsgruppe Random House FSC® N001967
Das für dieses Buch verwendete FSC®-zertifizierte Papier *Holmen Book Cream* liefert Holmen Paper, Hallstavik, Schweden.

3. Auflage, 2013

Druck und Einband: GGP Media GmbH, Pößneck
Printed in Germany
ISBN 978-3-579-05972-3

www.gtvh.de

Inhalt

Vorwort

»Es ist nicht gut, dass der Mensch allein sei«, heißt es in einer der ersten Geschichten der Bibel. Die Texte der Bibel erkennen und deuten den Menschen als ein Gemeinschaftswesen: Er braucht die ehrfurchtsvolle Beziehung zu Gott und vertrauensvolle Beziehungen zu Mitmenschen, um gesegnet und glückserfüllt zu leben. Und auch wenn sich seit den biblischen Zeiten unsere Ansprüche an Beziehungen und die Formen unseres Zusammenlebens verändert haben – bis heute spüren Männer und Frauen: Es ist nicht gut, dass der Mensch allein sei.

Menschen genießen die Geborgenheit in ihren Herkunftsfamilien und suchen nach verlässlichen Partnerinnen und Partnern, um eigene Familien zu gründen. Auch gescheiterte Beziehungen vermögen ihre Hoffnung auf eine lebenslange Liebe nicht zu zerstören. Liebe, Verlässlichkeit und Treue in Partnerschaft und Familie zu erfahren und zu gestalten, das bleibt ein Lebenstraum – so schwer es manchmal auch sein mag, diesen Traum konkret zu leben.

Auch wenn Familie heute in ganz unterschiedlichen Formen gelebt wird, es gilt noch immer: Menschen brauchen den Willen und die Fähigkeit, sich auf ein »Du« als gleichwertiges Gegenüber einzulassen, an Bindungen auch in Belastungen festzuhalten und schöne wie schwierige Zeiten miteinander zu teilen, um verlässliche und langfristige Beziehungen zu gestalten.

Familien, in denen Menschen füreinander Sorge und Verantwortung übernehmen, brauchen Unterstützung und gute Rahmenbedingungen. Darum geht es in der hier vorliegen-

den Orientierungshilfe. Der Rat der EKD möchte deutlich machen, wie wichtig die Leistungen sind, die Familien erbringen: Kindererziehung, Alten- und Krankenpflege, seelische Unterstützung und Gastfreundschaft, Wertevermittlung und Fürsorge – das alles geht weit über das hinaus, was Staat und gesellschaftliche Organisationen leisten können. In den vergangenen Jahren ist Familienpolitik daher aus guten Gründen zu einer zentralen gesellschafts- und sozialpolitischen Frage geworden. Parteien und Medien diskutieren, ob und wie die Mittel für Familienpolitik in Deutschland richtig eingesetzt werden. Alte und neue Instrumente wie Ehegattensplitting und Betreuungsgeld sind in der Diskussion. Und grundlegende Entscheidungen zur Gleichstellung von Lebenspartnerschaften mit der traditionellen Ehe werden nicht nur in unserem Land in Kirchen, Politik und Gesellschaft leidenschaftlich und kontrovers diskutiert.
Der Rat der EKD hat bereits vor drei Jahren eine Ad-hoc-Kommission eingesetzt, um über die kirchliche Perspektive zur Familienpolitik zu beraten. Ich danke der Kommission unter Leitung von Frau Ministerin a.D. Dr. Christine Bergmann und Frau Prof. Dr. Ute Gerhard für ihren Einsatz, für die gründliche Diskussion der vielfältigen Themen und Fragen und die Erarbeitung dieses Textes.

Ich hoffe, dass diese Veröffentlichung der EKD in Kirche und Gesellschaft zu Diskussionen und zum Weiterdenken einlädt. Denn Familie geht längst nicht mehr nur Frauen und Kinder an. Familie zu gestalten ist auch eine Aufgabe für Männer und betrifft alle Generationen und Lebensbereiche. Unternehmen und kommunale Einrichtungen, Sportvereine und Schulen sind heute wichtige Partner der Familie – genauso wie die Kirchengemeinden mit all ihren Einrichtungen und

Ehrenamtlichen. Mir liegt daran, dass Menschen aus all diesen Bereichen sich ihrer Verantwortung bewusst werden und Netzwerke fördern, die Familien unterstützen und stärken. Die evangelische Kirche mit ihrer Diakonie und ihrer Bildungsarbeit kann und soll ein tragfähiger Knoten in einem solchen Netzwerk sein.

Viele Geschichten der Bibel zeigen uns, wie sehr Familienbeziehungen und Gottesbeziehung, Glaube und Familienerfahrungen miteinander verbunden sind. Und es ist auch meine Erfahrung und Überzeugung: Das Vertrauen auf Gottes Liebe und Treue vermag Menschen immer wieder neu zu stärken, einander zu trauen und sich in Liebe und Treue aneinander zu binden.

»Es ist nicht gut, dass der Mensch allein sei.« (1. Mose 2,18) So klar formuliert es die Bibel und sagt uns gleichzeitig zu: Gottes Angesicht und Gottes Liebe begegnen uns im Angesicht und in der Liebe unserer Mitmenschen. Wir wollen mit dieser Orientierungshilfe Menschen Mut machen, einander als Gottesgeschenk zu entdecken, einander verlässlich zur Seite zu stehen und miteinander verantwortlich und verbindlich Zukunft zu gestalten. Was uns im Leben wirklich trägt, das ist das Vertrauen auf die unverdiente Liebe Gottes und auf die von eigenen Leistungen unabhängige Liebe vertrauter Menschen. Das immer neu zu erfahren, dazu wünschen wir auch mit diesem Text Gottes Segen.

Hannover, im Juni 2013

Nikolaus Schneider

Vorsitzender des Rates der Evangelischen Kirche in Deutschland

1. Zusammenfassende Thesen

Zwischen Autonomie und Angewiesenheit – Familienleben heute: »Es ist nicht gut, dass der Mensch allein sei.« Bereits in den ersten Kapiteln der Bibel wird deutlich, dass Menschen zur Gemeinschaft bestimmt und auf Liebe, Fürsorge, Erziehung und Pflege angewiesen sind. Gleichzeitig gehört der Wunsch nach Erkenntnis, Entdeckung, nach Entwicklung und Eigenständigkeit konstitutiv zum Menschsein. In der Ambivalenz von Angewiesenheit und Autonomie wird Familienleben erfahren. Ehe, Partnerschaft, Verantwortung für Kinder, Pflegebedürftige und Kranke werden geprägt durch Bildungsprozesse, die Bedingungen des Erwerbslebens und die gesellschaftliche Gestaltung von Lebensrisiken. Um eine evangelische Verständigung über Ehe, Familie und Partnerschaft zu versuchen, geht es zunächst um eine Ortsbestimmung. Dabei fallen aktuelle Trends in Familienleben und Partnerschaftsverhalten auf: die spätere Familiengründung und der Rückgang von Eheschließungen, die Vervielfältigung von Familienformen, das Auseinanderdriften der sozialen Lebenslagen und die steigende Kinderarmut, schließlich gibt es mehr Familien mit Migrationshintergrund.

Familie und Ehe im Wandel: Eine breite Vielfalt von Familienformen ist, historisch betrachtet, der Normalfall. Die bürgerliche Familie als Ideal entwickelte sich erst im 18. Jahrhundert durch die Trennung von männlicher Erwerbswelt und weiblicher Familiensphäre mit Haushalt und Kindererziehung. Dieses Ideal setzte sich zunächst langsam und erst nach dem Zweiten Weltkrieg in der Bundesrepublik als Lebensform für alle durch. Die DDR dagegen erhob die gleichberechtigte Ehe mit zwei in Vollzeit erwerbstätigen Eltern zum Leitbild und nahm dabei die Familie für die Erziehung der Kinder zur »sozialistischen Persönlichkeit« gesetzlich in die Pflicht. In Westdeutschland zeigte sich nach der Einführung der verfassungsmäßig garantierten Gleichberechtigung eine wachsende Spannung zwischen der Gleichberechtigung der Frau und dem institutionellen Schutz von Ehe und Familie. Dabei war das Leitbild der bis 1977 gesetzlich geschützten so genannten Hausfrauenehe die Grundlage des Steuer- und Sozialversicherungsrechts. Die Hauptlast der Hausarbeit lag aber trotz der unterschiedlichen Ehe- und Familienkonzeptionen in beiden deutschen Staaten bei den Frauen, auch wenn es in der DDR quantitativ ausreichende Kinderbetreuung gab. Seit dem 19. Jahrhundert kritisierten die Frauenbewegungen die ungleiche Rechtsposition insbesondere der Mütter; damit haben sie schließlich wesentlich zum rechtlichen Wandel in Ehe und Familie beigetragen.

Verfassungsrechtliche Vorgaben und Leitbilder von Ehe und Familie: Die weitreichenden Änderungen im Familienrecht der letzten Jahre folgen einerseits dem Strukturwandel der Familie und tragen der neuen Vielfalt der Familienformen Rechnung, andererseits geben sie Regelungen vor, die der gesellschaftlichen Wirklichkeit vorauseilen. Die nachhaltigste Veränderung ist die Anerkennung eines erweiterten Familienbegriffs, die nicht nur die traditionelle Kleinfamilie, sondern auch alternative Lebensformen unter den institutionellen Schutz des Art. 6 Grundgesetz stellt. Ausschlaggebend hierfür ist einerseits das Kindeswohl, andererseits die Gleichberechtigung aller Mitglieder der Familie, die nun neben Frauen auch Kinder einbezieht.

Theologische Orientierung: Angesichts der Vielfalt biblischer Bilder und der historischen Bedingtheit des familialen Zusammenlebens bleibt entscheidend, wie Kirche und Theologie die Bibel auslegen und damit Orientierung geben. Ein normatives Verständnis der Ehe als »göttliche Stiftung« und eine Herleitung der traditionellen Geschlechterrollen aus der Schöpfungsordnung entsprechen nicht der Breite des biblischen Zeugnisses. Wohl aber kommt bereits in der Schöpfungsgeschichte zum Ausdruck, dass Menschen auf ein Gegenüber angewiesen sind, an dem sich die eigene Identität entwickelt. In diesem Sinne ist die Ehe eine gute Gabe Gottes, die aber, wie das Neue Testament zeigt, nicht als einzige Lebensform gelten kann. Die den Kindern Gottes zugesagte gleiche Würde jeder und jedes Einzelnen jenseits von Geschlecht und Herkommen und die erfahrbare Gemeinschaft in Christus in all ihrer Unterschiedlichkeit fordert die vorfindlichen Ordnungen immer neu heraus. Deswegen versteht die Reformation die Ehe als »weltlich Ding«; sie ist kein Sakrament, sondern eine Gemeinschaft, die unter dem Segen Gottes steht. Ihre Aufgabe besteht in der Bewahrung und Weitergabe des Lebens in den vielfältigen Formen der Sorge für andere über die Generationen hinweg. Die kirchlichen Segenshandlungen sind ein Zeichen für liebevolle Zuwendung, für Kontinuität und immer neue Aufbrüche im Bund Gottes mit seinem Volk und damit eine Ermutigung, in allen Veränderungen einen gemeinsamen Weg zu wagen. Angesichts von Brüchen und Versagen sind sie zugleich Ausdruck der Rechtfertigung des Menschen allein aus Gnade. Protestantische Theologie unterstützt das Leitbild der an Gerechtigkeit orientierten Familie, die in verlässlicher und verbindlicher Partnerschaft verantwortlich gelebt wird.

Herausforderungen und Brennpunkte der Familienpolitik: Familien sind sinnstiftender Lebensraum und Orte verlässlicher Sorge. In Familien werden unverzichtbare Leistungen für Gesellschaft und Wirtschaft erbracht und sozialer Zusammenhalt gestiftet. Sie stehen nach wie vor an erster Stelle, wenn Menschen in Notlagen geraten. Andererseits werden Familien auch vor neue gesellschaftliche Erwartungen und Anforderungen gestellt und fühlen sich zum Teil erheblich überfordert. Alle Familien sind deshalb darauf angewiesen, dass ihre Leistungen und ihre Bedeutung für die Gesellschaft anerkannt und unterstützt werden.

Zeit füreinander – Alltag und Fest: Gemeinsame Zeit in der Familie entsteht nicht von selbst, sondern muss aktiv von den Familienmitgliedern »hergestellt« werden. Erwerbsarbeitszeit, Schule und Unterricht, Freizeit, Sport und ehrenamtliches Engagement finden in unterschiedlichen Rhythmen und zu unterschiedlichen Zeiten statt, stellen verschiedene Ansprüche an die Einzelnen und können miteinander kollidieren. Familien brauchen aber gemeinsame Zeit, um sich als zusammengehörig zu erfahren. Gemeinsame Feiern, Feste und Rituale stützen und stärken den Zusammenhalt. Unverzichtbar ist der Sonntag als gemeinsamer erwerbs-, schul- und einkaufsfreier Tag, an dem für Gottesdienst, Gemeinsamkeit und Muße Zeit ist.

Erwerbsarbeit und Sorgetätigkeiten in der Familie: Die Gleichzeitigkeit von Erwerbsarbeit und familiärer Sorge wird vor allem als Problem der Kinder und ihrer Mütter wahrgenommen. Erst in jüngster Zeit sind familienfreundliche Arbeitszeiten auch ein Thema für Väter. Die Zunahme der Mütter-Erwerbstätigkeit geht vor allem auf eine Zunahme von Teilzeitarbeit und prekärer Beschäftigung zurück; das Erwerbsarbeitsvolumen von Frauen hat dagegen nicht zugenommen. Gleichwohl hat das zumindest in Westdeutschland lange vorherrschende männliche Ernährermodell an Dominanz eingebüßt und ist durch vielfältige Arrangements abgelöst worden: das Ernährermodell mit der zuverdienenenden Partnerin, zwei in Vollzeit erwerbstätige Elternteile, aber auch Frauen als Familienernährerinnen, insbesondere im Falle der Alleinerziehenden. Unabhängig davon, wie viele Stunden Frauen erwerbstätig sind, obliegt ihnen in jedem Fall die Hauptlast der Haus- und Sorgearbeit. Zwar hat der technische Fortschritt die Hausarbeit zum Teil erleichtert und verändert, doch ist das Stundenvolumen gleich geblieben. Haus-, Erziehungs- und Pflegearbeit in der Familie sind vor allem durch persönliche Beziehungen geprägt und nicht gleichermaßen von bezahlten Kräften leistbar. Wo das dennoch geschieht, handelt es sich häufig um Schwarzarbeit oder prekäre Beschäftigungsverhältnisse, in denen Hausarbeit auf andere Frauen, meistens Migrantinnen, verlagert wird.

Erziehung und Bildung: Die gesellschaftlichen Debatten über Bildung und Erziehung verändern sich: Galt bis vor Kurzem in Westdeutschland noch die Devise, dass Erziehung in der Familie stattfinde, der Kindergarten für ergänzende Betreuung zuständig sei und mit dem Schuleintritt der Bildungsweg beginne, so werden diese Zuordnungen heute grundlegend in Frage gestellt. Familien begegnen mehr denn je dem Anspruch, die Bildungsfähigkeit der Kinder zu verbessern, den Grundstein für qualifizierte Ausbildungen und Studienabschlüsse zu legen sowie für eine bessere Verwendbarkeit auf dem Arbeitsmarkt (»employability«) zu sorgen. Dabei ist Bildung, wie Studien belegen, gerade in Deutschland nach wie vor von der sozialen Herkunft abhängig. Als einer der großen Bildungsträger kann die evangelische Kirche Familien bei der Erziehung im Hinblick auf Wertorientierungen und Identitätsbildung entscheidend unterstützen und Orientierungen bieten.

Generationenbeziehungen und Fürsorglichkeit: Familien sind Übungsstätten für soziales Lernen und bilden ein Netzwerk der Unterstützung zwischen den Generationen. Sie fördern die Weitergabe von Erfahrungen und begleiten die kommenden Generationen auf ihrem Weg ins Leben. In vielen Fällen bieten sie bei Krankheit und Pflegebedürftigkeit nach wie vor Fürsorglichkeit und praktische Hilfe an. Trotz zunehmender Mobilität ist die wechselseitige familiäre Generationensolidarität, die sich auch in finanziellen Transfers von den Älteren an die Jüngeren ausdrückt, ungebrochen. Kinder schätzen ihre Eltern und Großeltern und erfahren von ihnen vielfältige Unterstützung und umgekehrt.

Häusliche Pflege: Pflegebedürftige werden immer noch überwiegend in Familien gepflegt. Dabei übernehmen Frauen ganz überwiegend diese Aufgabe. Angesichts des knapper werdenden familiären Pflegepotenzials – nicht zuletzt aufgrund von Veränderungen in der Arbeitswelt und des gesellschaftlichen Wandels – wachsen die Herausforderungen an die Sozialsysteme, wird ein weiterer Ausbau der pflegerischen und hauswirtschaftlichen Dienstleistungsangebote notwendig sein. Gleichzeitig ist die Verbesserung der kommunalen und nachbarschaftlichen Netze und eine Nahversorgung mit Produkten und Dienstleistungen des täglichen Lebens erforderlich, um den Verbleib in der eigenen Wohnung möglichst lange zu erhalten.

Gewalt in Familien: Gewalt in der Familie war bis in die 1980er Jahre tabuisiert, für sexuelle Gewalt an Kindern galt das bis in die jüngste Gegenwart. Das Ideal der Familie war geprägt vom Bild einer harmonischen, gewaltfreien Beziehung. Gewalt in der Familie ist jedoch die am meisten verbreitete Form von Gewalt und tritt als körperliche, psychische und sexuelle Gewalt oder auch als Vernachlässigung in Erscheinung. Betroffen von allen Formen sind Kinder (Jungen und Mädchen) und Frauen. Aber auch Männer erfahren Gewalt, allerdings ist deren Gefährdung außerhalb der Familie höher als bei Frauen, die Gewalt überwiegend im häuslichen Bereich erleben. Besonders problematisch sind Gewalterfahrungen von Kindern in der Familie, weil sie auf die Familie angewiesen und der Situation besonders hilflos ausgesetzt sind. Die Gefahr, dass noch Erwachsene eine solche Gewalterfahrung, die sie als Kinder nicht verlassen konnten, an die nächste Generation weitergeben, ist deshalb groß. Lange übersehen wurde, dass auch in der Pflege Gewalt erfahren wird – von Pflegebedürftigen wie von Pflegenden.

Migration und Familienkulturen: Migration gehört zu den Erfahrungen jeder Zeit und Generation, schon biblische Geschichten berichten davon. Entscheidend ist, wie Einheimische und Zugewanderte ihr Zusammenleben gestalten. Das Ankommen in einer neuen Gesellschaft ist ein Generationenprojekt, das Migrantenfamilien dazu herausfordert, eine neue Balance von Herkunfts-Kultur und neuen kulturellen Einflüssen zu finden, um heimisch zu werden. Herausgefordert ist auch die einheimische Gesellschaft mit ihren kulturellen und religiösen Traditionen, mit ihren Familienbildern und Erziehungsstilen. Bikulturelles Aufwachsen bietet die Chance, Rituale und Lebensdeutungen unterschiedlicher Kulturen und religiöser Lebenszusammenhänge verstehen zu können und sich – bei allen Spannungen, die auch damit verbunden sind – auf die Suche nach einer eigenen kulturellen Identität und gestalteten Religiosität zu begeben. Gerade das Zusammenleben mit anderen Religionen erinnert die säkularisierte Gesellschaft erneut an die religiöse Prägung der Lebenszusammenhänge – von den Alltagsritualen wie Tisch- und Abendgebeten bis zu Hochzeiten und Beerdigungen.

Reichtum und Armut von Familien: Kinder zu erziehen erhöht statistisch gesehen das Armutsrisiko. Auch die sozialpolitischen Transfers können dieses Risiko nicht beseitigen, da sie die betroffenen Familien nicht zielgenau erreichen. Armut ist allerdings weit mehr als das Fehlen materieller Ressourcen. In armen Familien reduzieren sich auch die Bildungschancen der Kinder, die gesundheitliche Versorgung ist ungenügend, die sozialen Netze sind kleiner, die Angebote im Wohnquartier schlechter: Armut bedeutet geringere Teilhabe und geringere soziale Ressourcen. Insofern geht es bei der Armutsprävention nicht nur um Verteilungs-, sondern auch um Befähigungs- und Teilhabegerechtigkeit.

Familienpolitik als neue Form sozialer Politik: In der international vergleichenden Familienforschung und Sozialpolitik hat ein Perspektivenwechsel die besondere Bedeutung von Familien als wesentliche Faktoren allgemeiner Wohlfahrt und des gesellschaftlichen Reichtums hervorgehoben. Damit wurde einerseits offenbar, dass der westdeutsche Sozialstaat mit seinem tradierten Familienbild eine nachhaltige Familienpolitik versäumt hat, andererseits ist deutlich geworden, dass verlässliche Sorgearbeit für die vorangegangene und die nachkommende Generation einen wichtigen, bislang nicht ausreichend berücksichtigten Beitrag zum Bruttosozialprodukt leistet. Der Familie als gesellschaftlicher Institution kommt dabei für die Weitergabe des Lebens und den sozialen Zusammenhalt nach wie vor eine zentrale und unverzichtbare Rolle zu.

Wie Kirche und Diakonie Familien stark machen können: Kirche ist nach wie vor eine wichtige Ansprechpartnerin für Familien. Mit ihren Kasualien, Festen und Feiern begegnet sie Familien in Übergangssituationen, mit ihren Tageseinrichtungen für Kinder, Jugendtreffs und Schulen bietet sie Orte für Bildung, Erziehung und Begegnung, mit ihren diakonischen Diensten begleitet sie Familien in Krisensituationen. Dabei haben Gemeinden, Diakonie und Verbände oft ganz unterschiedliche Gruppen und Familien im Auge. Eine Zusammenarbeit von Kirche und Diakonie, die gemeinsame Entwicklung von Leitbildern und Angeboten und eine verstärkte Zusammenarbeit mit dritten Partnern in der Region sind deshalb unbedingt notwendig. Darüber hinaus sollten Kirchengemeinden ihre generationenübergreifende Arbeit bewusst ausbauen und die Gemeindezentren als Orte erlebten zivilgesellschaftlichen Engagements und erlebter Gemeinschaft gestalten. Angesichts des Strukturwandels von Familien haben Gemeinden und Familienzentren eine wachsende Bedeutung auch für die religiöse Erziehung und die Weitergabe des Glaubens.

2. Zwischen Autonomie und Angewiesenheit – Familienleben heute

»Es ist nicht gut, dass der Mensch allein sei.« Bereits in den ersten Kapiteln der Bibel wird deutlich, dass Menschen zur Gemeinschaft bestimmt und auf Liebe, Fürsorge, Erziehung und Pflege angewiesen sind. Gleichzeitig gehört der Wunsch nach Erkenntnis, Entdeckung, nach Entwicklung und Eigenständigkeit konstitutiv zum Menschsein. In der Ambivalenz von Angewiesenheit und Autonomie wird Familienleben erfahren. Ehe, Partnerschaft, Verantwortung für Kinder, Pflegebedürftige und Kranke werden geprägt durch Bildungsprozesse, die Bedingungen des Erwerbslebens und die gesellschaftliche Gestaltung von Lebensrisiken. Um eine evangelische Verständigung über Ehe, Familie und Partnerschaft zu versuchen, geht es zunächst um eine Ortsbestimmung. Dabei fallen aktuelle Trends in Familienleben und Partnerschaftsverhalten auf: die spätere Familiengründung und der Rückgang von Eheschließungen, die Vervielfältigung von Familienformen, das Auseinanderdriften der sozialen Lebenslagen und die steigende Kinderarmut, schließlich gibt es mehr Familien mit Migrationshintergrund.

(1) »Familie hat jeder«, betonte die Synode der EKD 2004. Und trotzdem oder gerade deshalb ist es nicht einfach, über Familie zu schreiben. Denn das Thema Familie berührt wesentliche biografische Erfahrungen, in denen unsere kulturelle und religiöse Identität wie unsere Vorstellung von Geschlech-

terrollen und unser Familienbild selbst geprägt worden sind: Es betrifft aber genauso zentrale gesellschaftliche Fragen wie die demographische Entwicklung, die Erziehung der nächsten Generation und die Versorgung kranker und alter Menschen. Wir bringen tradierte Bilder und Vorstellungen von Familie mit, aber Familie ist kein fixes Gebilde, sondern eine alltägliche Gestaltungsaufgabe, die uns in jeder Lebensphase neu herausfordert und neue Erfahrungen mit sich bringt. Selbst wenn wir über den gesellschaftlichen Wandel von Familie und über sozialpolitische Weichenstellungen nachdenken, kann uns das Thema emotional berühren. Familie bedeutet höchstes Glück, aber auch die Möglichkeit des Scheiterns und Neubeginns und den Wandel von Beziehungen. Wenn wir darüber reden, wird zugleich deutlich, wie unterschiedlich wir durch unsere Erfahrungen geprägt sind, wie unterschiedlich auch unsere Vorstellungen darüber sind, was Familie ausmacht und ausmachen soll.

Im Folgenden wird darauf eingegangen, wie sich das Bild und Ideal von Familie im Laufe der Geschichte veränderte, welche Auswirkungen die historischen Veränderungen für die Rechtsgestalt von Familie hatten und haben und welche Rolle die evangelische Kirche dabei spielt und spielen kann. Denn Familie ist auch sehr eng mit unserem Glauben verbunden: In der Kirche werden Ehen gesegnet, Kinder getauft, Angehörige zu Grabe getragen. Von Trost und Segen erhoffen sich Menschen eine Stärkung ihrer Liebe und Gemeinschaft, die auch in Krisen trägt. Ziel dieses Textes ist deshalb, eine evangelische Verständigung über Ehe, Familie und Partnerschaft im beginnenden 21. Jahrhundert anzuregen. Dabei soll die Spannung zwischen der modernen Suche nach Autonomie und der wechselseitigen Angewiesenheit thematisiert werden.

Die Schöpfungsgeschichte beschreibt es mit dem schlichten Satz: »Es ist nicht gut, dass der Mensch allein sei.« Nicht nur Kinder sind auf ihre Eltern und kranke und pflegebedürftige Familienmitglieder auf Hilfe angewiesen, auch Liebende sind in gleichberechtigter Weise aufeinander angewiesen und gerade so miteinander verbunden. Dabei können sich die wechselseitigen Abhängigkeiten im Laufe des Lebens durchaus ändern. Dass solche Angewiesenheit und wechselseitige Hilfe emotionale Bindung erzeugt und die Erfahrung von Geborgenheit und Heimat in sich birgt, ist eines der Geheimnisse von Familienleben und gesellschaftlichem Zusammenhalt. Menschen wünschen sich Freiheit, aber sie suchen auch Zugehörigkeit.

(2) Familie ist ein alltäglicher **Lebenszusammenhang und Lernort der verschiedenen Generationen**. Familienmitglieder gehen auf Dauer angelegte Verantwortungs- und Fürsorgebeziehungen miteinander ein, Kinder finden sich darin vor, noch ehe sie darüber nachdenken können. Dabei hat unser Bild von Familie in den letzten Jahren eine Erweiterung erfahren: Familie – das sind nach wie vor Eltern (ein Elternteil oder zwei) mit ihren leiblichen, Adoptiv- oder Pflegekindern, vielleicht erweitert um die Großelterngeneration. Familie, das sind aber auch die so genannten Patchwork-Familien, die durch Scheidung und Wiederverheiratung entstehen, das kinderlose Paar mit der hochaltrigen, pflegebedürftigen Mutter und das gleichgeschlechtliche Paar mit den Kindern aus einer ersten Beziehung. Die Menschen, die wir zur Familie zählen, leben nicht unbedingt gemeinsam unter einer Adresse – das heißt aber nicht, dass es nicht liebevolle Zuwendung, vielfältigen Austausch, Unterstützung, Hilfeleistung, Gespräche, kurz: familiales Zusammengehörigkeitsgefühl gibt.

(3) Junge Männer und Frauen haben ganz überwiegend den Wunsch, Familien zu gründen und mit Kindern zu leben. Gleichzeitig liegt Deutschland mit einem Kinderwunsch von 1,7 Kindern im europäischen Vergleich extrem niedrig (Ruckdeschel/Dorbritz 2012). Als Gründe dafür gelten das traditionelle Familienbild im Westen, das es besonders den gut qualifizierten Frauen sowohl auf der normativen wie auch der alltagspraktischen Ebene schwer macht, Familie und Beruf zu vereinbaren. In Ostdeutschland liegt zwar die Kinderwunschrate höher, jedoch werden häufig Kinderwünsche angesichts der immer noch schwierigen wirtschaftlichen Lage aufgeschoben. Auch die wachsenden Anforderungen an die Erziehung und Bildung von Kindern sowie die hohen Ansprüche an die Qualität von Partnerschaften sorgen für eine Verschiebung des Kinderwunsches. Die deutliche Zunahme von Reproduktionsmedizin zeigt die schmerzhafte Spannung zwischen Kinderwunsch und Realität.

(4) Angesichts **gravierender gesellschaftlicher Veränderungen** wie sinkender Geburtenraten, dem Wandel der Altersstruktur, veränderter Geschlechterverhältnisse, steigender Scheidungs- und Trennungsraten, weltweiter Wanderungsprozesse, flexibler und mobiler Erwerbsarbeit sowie risikoreicher Arbeitsmarktstrukturen, mit denen sich Familien (je nach ihrem gesellschaftlichen Ort) derzeit auseinandersetzen müssen, geraten traditionelle Orientierungen ins Wanken. Die Erziehung von Kindern stellt heute Anforderungen, die Eltern ohne gesellschaftlichen Rückhalt kaum bewältigen können. Ungeklärt ist insbesondere, wie die vielfältigen Fürsorgeaufgaben, die bislang Mütter, Töchter und Schwiegertöchter übernommen haben, angesichts der steigenden Erwerbsbeteiligung von Frauen neu verteilt werden sollen. Vor

allem für die Versorgung und Betreuung Pflegebedürftiger ist eine »Fürsorgelücke« entstanden.

(5) Obwohl sich in den westlichen Gesellschaften ein hohes Autonomieideal des Individuums entwickelt hat, bleibt Familie der Raum **der Gemeinsamkeit und des Füreinander-da-Seins**, in dem Halt und Liebe erfahren werden können. In der wachsenden Sehnsucht, eine Familie zu gründen oder in einer Familie zu leben, wird sichtbar, dass Menschen neben dem Wunsch nach Autonomie und Freiheit zugleich ein Bedürfnis nach Bindung und Zugehörigkeit haben. Angesichts gravierender gesellschaftlicher Umbrüche und der wachsenden Erwartung an Mobilität und Flexibilität in der Berufswelt werden Ehe und Familie auch als ein Schutzraum erfahren, als Gemeinschaft, die gesellschaftliche Anforderungen auszubalancieren hat. Familien werden dabei **vielfältige Aufgaben zugetraut und zugemutet**: Kinder sollen so erzogen werden, dass sie das Leben in einer auf Individualisierung angelegten Wissensgesellschaft bestehen. Ehe- und Lebenspartner sollen sich gegenseitig ermöglichen, persönliches Glück zu erfahren und zu genießen und einander eine Stütze sein. Kranke und alte Menschen sollen versorgt werden, verwandtschaftliche, nachbarschaftliche und freundschaftliche Netze wollen gepflegt und weiterentwickelt werden. Zwischen den Anforderungen des Berufslebens und den Erwartungen an Erziehung, Pflege und Freundschaft muss der Alltag bewältigt werden. Bei all dem wollen Eltern ihre Kinder glücklich machen; sie möchten mit ihren Kindern ein erfülltes Familienleben führen, in dem die Bedürfnisse aller Familienmitglieder zu ihrem Recht kommen (Jurczyk/Lange/Thiessen 2013). Die Kirchen unterstützen Familien in ihrem Wunsch nach gelingender Gemeinschaft, sie begleiten sie aber auch im Scheitern und bei Neuaufbrüchen.

(6) Bei diesen vielfältigen Aufgaben brauchen Familien Unterstützung. Sie brauchen ausreichend Zeit und materielle Absicherung. **Sie sind auch als Gemeinschaft auf passende** gesellschaftliche Angebote wie Erziehungseinrichtungen oder Pflegedienste angewiesen. Diese Spannung von Autonomie und Angewiesenheit, Freiheit und Bindung sowie persönlicher und gesellschaftlicher Verantwortung kennzeichnet das Leben in der Familie, sie ist aber auch konstitutiv für Familienpolitik. Dabei wandelt sich das Verhältnis der einzelnen Mitglieder zur Familie, genauso wie sich Anforderungen und Rollen innerhalb der Familien verändern – für Mütter, Väter und Kinder. Auf **wesentliche Trends**, die die Wandlung von Familie kennzeichnen, sei **hier hingewiesen**.

(7) **Lange Ausbildungszeiten** und schwierige Berufseinstiege haben zur Folge, **dass die Familiengründung im Lebenslauf immer weiter hinausgeschoben wird**: Das Durchschnittsalter der Frauen bei Geburt des ersten Kindes liegt gegenwärtig bei 29 Jahren (Ostdeutschland: 27 Jahre), 60 % der Kinder werden von 26- bis 35-jährigen Müttern geboren (Statistisches Bundesamt 2012: 9f.). Dazu gehört, dass die Ehe zunehmend nicht mehr Voraussetzung, sondern Folge gemeinsamer Kinder ist: Ein Drittel aller Kinder wird gegenwärtig nichtehelich geboren. Das sind doppelt so viele wie noch vor zwanzig Jahren (Statistisches Bundesamt 2012, 18). Hier besteht ein markanter deutsch-deutscher Unterschied: Im Westen Deutschlands werden 27 % der Kinder außerhalb der Ehe geboren, im Osten 61 % (Statistisches Bundesamt 2012, 19). Der sinkenden Attraktivität der Ehe entspricht auch ein Rückgang kirchlicher Eheschließungen. Ließen sich 1990 von den ca. 500.000 Ehepaaren noch 100.000 evangelisch und 110.000 Paare katholisch trauen, waren dies 2003 von den nur noch

380.000 Eheschließungen 56.000 evangelische und 50.000 katholische Trauungen. Das ist eine Abnahme von 14 % der kirchlichen Trauungen in nur 13 Jahren (EKD-Texte 101).

(8) **Die Vielfalt des Familienlebens nimmt zu.** Zwar sind noch 72 % der Familien Ehepaare mit Kindern (BMFSFJ 2012, 22), aber angesichts der anhaltend hohen Scheidungsraten sind Familien auf Ehebasis zunehmend Patchwork-Konstellationen mit komplexeren familialen Lebensführungen. Zu den leiblichen Elternteilen kommt in diesen Fällen noch mindestens ein sozialer Elternteil hinzu. Ebenfalls angestiegen ist der Anteil von Alleinerziehenden (19 %) und nichtehelichen Lebensgemeinschaften (knapp 9 %). Ein großer Unterschied in den Familienformen zeigt sich im Ost-West-Vergleich. In Ostdeutschland machen verheiratete Familien nur noch knapp die Hälfte aus, während es im Westen rund drei Viertel sind. Alternative Lebensformen nehmen zu: Jede vierte Familie im Osten und jede fünfte im Westen ist eine Ein-Eltern-Familie.17 % der Familien in Ostdeutschland und 6 % der Familien in Westdeutschland sind nichteheliche Partnerschaften (BMFSFJ 2012, 23).
Auch wenn sich das Sorgerecht diesem Wandel angepasst hat und üblicherweise heute im Scheidungsfall beide Eltern das Sorgerecht behalten (vgl. Ziff. 33), so bedeuten diese Veränderungen im Familienleben auch Verunsicherungen insbesondere für Kinder. Eine Trennung oder Scheidung der Eltern führt akut zu einer deutlichen Belastung bei Kindern, langfristig lassen sich bei der überwiegenden Mehrheit keine negativen Folgen feststellen, im Gegensatz zu Familien, in denen Konflikte über Jahre hinweg andauern (Walper/Langmeyer 2008). Für eine gelingende (Wieder-)Herstellung von Verbindlichkeit in den vielfältigen Familienformen und den

sich im Laufe einer Familienbiografie mehrfach verändernden Konstellationen stehen oft noch keine angemessenen kirchlichen Rituale zur Verfügung.
Eine weitere Familienform, die stark in der Öffentlichkeit diskutiert wird, sind gleichgeschlechtliche Lebenspartnerschaften mit Kindern, so genannten »Regenbogenfamilien«. Bundesweit wird die Anzahl gleichgeschlechtlicher Paare, die in einem gemeinsamen Haushalt leben, auf ca. 70.000 geschätzt, davon ist ein Viertel eine eingetragene Lebenspartnerschaft eingegangen. Rund 7.000 Kinder leben in Familien, in denen die für sie Fürsorge tragenden Erwachsenen gleichgeschlechtliche Partnerschaften eingegangen sind. (Rupp 2009).

(9) **Die sozialen Milieus in Deutschland entwickeln sich aktuell in hohem Maße auseinander.** Auffällig ist die Polarisierung sozialer Lebenslagen – zwischen Ein- und Zwei-Verdiener-Haushalten, vor allem aber zwischen denen, die für Kinder sorgen, und denen, die keine Kinder zu versorgen haben. Besonders bedenklich ist, dass es überdurchschnittlich viele Alleinerziehende sind, die von Einkommensarmut betroffen sind: Alleinerziehende mit einem Kind sind zu 46 %, mit zwei und mehr Kindern sogar zu 62 % armutsgefährdet. In Paarhaushalten variiert die Armutsrisikoquote je nach Kinderzahl zwischen 7 und 22 % (BMFSFJ 2012, 100f.). Bei den Unter-18-Jährigen ist ein Fünftel von Armut betroffen (BMFSFJ 2012, 98). In armen Familien häufen sich Unterversorgungslagen. Hier haben die Mütter oder Väter häufig einen niedrigen oder keinen Bildungs- oder Berufsabschluss. Das führt zu diskontinuierlicher Erwerbsarbeit und hoher, generationsübergreifender Arbeitslosigkeit. Wenn diese in materieller Armut groß gewordenen Kinder selber Eltern werden, haben sie häufig durch ihre frühen Deprivationserfahrungen und damit

meist einhergehender Unterversorgung in mehreren Lebensbereichen geringe Beziehungskompetenzen. Sie haben häufig Ausgrenzung und das Gefühl von Wertlosigkeit erfahren, das auch an die Kinder weitervermittelt wird. So erstaunt es nicht, dass Kinder, die in Armut aufwachsen und deren Eltern arbeitslos sind, am häufigsten Zuwendungsdefizite der Eltern benennen (30 %, Hurrelmann/Andresen 2010, 88f.).

(10) Das Bild der Familie muss auch in kultureller Hinsicht relativiert werden: **Fast jede dritte Familie hat heute einen Migrationshintergrund** (30 % in West-, 14 % in Ostdeutschland, BMFSFJ 2010, 18). Zu diesen Familien zählen alle Eltern-Kind-Gemeinschaften, bei denen mindestens ein Elternteil eine ausländische Staatsangehörigkeit besitzt oder die deutsche Staatsangehörigkeit beispielsweise durch Einbürgerung erhalten hat. Knapp ein Viertel der zugewanderten Familien kommt aus der Türkei. Etwa ein Fünftel stammt aus Osteuropa, ein weiteres Fünftel aus süd- oder westeuropäischen Ländern (BMFSFJ 2010, 19). Eine besondere Herausforderung für das Bildungssystem besteht in der Tatsache, dass bei den Kindern, Jugendlichen und jungen Erwachsenen der Anteil der Personen mit Migrationshintergrund in einigen Regionen im Westen Deutschlands und in Berlin mehr als die Hälfte der Gesamtbevölkerung beträgt. Die sozialräumliche Trennung beginnt bereits in den Kindertageseinrichtungen. Dies ist eine große Herausforderung für Betreuungs- und Bildungseinrichtungen. Gleichzeitig haben Eltern mit Migrationshintergund besonders hohe Erwartungen an den Bildungsaufstieg ihrer Kinder, kennen jedoch nicht unbedingt die Erwartungen des hiesigen Bildungssystems an die familiale Unterstützung. Dies wird fälschlicherweise oft mit Desinteresse der Eltern gleichgesetzt.

(11) Zusammenfassend zeigen diese Trends zum Familienleben in Deutschland, dass **Pauschaldiagnosen von »Familie heute« ein unvollständiges Bild** zeichnen. Entgegen mancher Krisenszenarien, die vom Zerfall der Familie oder verschärfter »Individualisierung« sprechen, ist bei längerfristiger Analyse eine erstaunliche Kontinuität festzustellen. Wie in der Familiensoziologie betont wird, liegt der Prozentsatz der Kinder, die bis zum 18. Lebensjahr bei beiden Eltern aufwachsen, gegenwärtig höher oder genauso hoch wie in den Kriegs- und Nachkriegszeiten des 20. Jahrhunderts, in denen die Väter nicht aus dem Krieg heimkehrten und Familien auseinandergerissen wurden. Lediglich im Vergleich mit den 1950er Jahren, in denen die Klein- oder Kernfamilie als Leitbild einer wiedergewonnenen Normalität galt, haben sich die privaten Lebensformen verändert. Gleichwohl kann nicht von einer Erosion der Familienbeziehungen gesprochen werden. Offenbar hat vielmehr die vorangegangene Kriegs- und Unheilserfahrung dazu geführt, dass diese Zeit als »heile Familienwelt« idealisiert wird. Wenn man jedoch berücksichtigt, dass der Anteil der Kinder, die in Heimen und anderen Einrichtungen untergebracht waren oder sind, seitdem deutlich zurückgegangen ist, lässt sich heute sogar von einer Familiarisierung des kindlichen Aufwachsens in unserer Gesellschaft sprechen. Wie Familie gelebt wird, hängt also nicht nur von Milieu und Lebensstil der einzelnen Familien ab, sondern auch von **historischen, sozialen und politischen Rahmenbedingungen**. Das zeigt nicht zuletzt die unterschiedliche Entwicklung der Lebensmuster, Alltagspraktiken und Familienmodelle seit den 1970er Jahren in Ost- und Westdeutschland, die wohl allen Bürgerinnen und Bürgern nach der Wende bewusst geworden sind. Dazu gehören auch die zeit- und systembedingten Vorstellungen von den jeweils den Geschlechtern zuge-

wiesenen Aufgaben, der Vereinbarkeit von Beruf und Familie, der Unterstützung durch Tageseinrichtungen für Kinder, von »guter« Mutter- und Vaterschaft, von Kindheit oder Großelternschaft, die sich in den letzten Jahrzehnten deutlich verändert haben.

3. Familie und Ehe im Wandel

Eine breite Vielfalt von Familienformen ist, historisch betrachtet, der Normalfall. Die bürgerliche Familie als Ideal entwickelte sich erst im 18. Jahrhundert durch die Trennung von männlicher Erwerbswelt und weiblicher Familiensphäre mit Haushalt und Kindererziehung. Dieses Ideal setzte sich zunächst langsam und erst nach dem Zweiten Weltkrieg in der Bundesrepublik als Lebensform für alle durch. Die DDR dagegen erhob die gleichberechtigte Ehe mit zwei in Vollzeit erwerbstätigen Eltern zum Leitbild und nahm dabei die Familie für die Erziehung der Kinder zur »sozialistischen Persönlichkeit« gesetzlich in die Pflicht. In Westdeutschland zeigte sich nach der Einführung der verfassungsmäßig garantierten Gleichberechtigung eine wachsende Spannung zwischen der Gleichberechtigung der Frau und dem institutionellen Schutz von Ehe und Familie. Dabei war das Leitbild der bis 1977 gesetzlich geschützten so genannten Hausfrauenehe die Grundlage des Steuer- und Sozialversicherungsrechts. Die Hauptlast der Hausarbeit lag aber trotz der unterschiedlichen Ehe- und Familienkonzeptionen in beiden deutschen Staaten bei den Frauen, auch wenn es in der DDR quantitativ ausreichende Kinderbetreuung gab. Seit dem 19. Jahrhundert kritisierten die Frauenbewegungen die ungleiche Rechtsposition insbesondere der Mütter; sie haben schließlich wesentlich zum rechtlichen Wandel in Ehe und Familie beigetragen.

(12) **Die Vielfalt der Familienformen** ist historisch kein neues Phänomen. Die Nachkriegszeit bis zur Mitte der 1960er Jahre gilt in der Familienforschung als »goldenes Zeitalter der Ehe«, weil »niemals in der Geschichte vor den 1960er Jahren so viele Menschen verheiratet waren, Kinder eher selbstverständlich waren, so wenige Ehen geschieden wurden und nichteheliche Lebensgemeinschaften so gut wie unbekannt waren« (Nave-Herz 2003). Es war die Zeit, in der man in der Familiensoziologie von der »Universalität« der Kern- oder Kleinfamilie als Normalfamilie (bestehend aus Vater, Mutter, Kind) ausgegangen ist. Deren spezifische Rollenteilung und Struktur wurde nicht nur für die Stabilität der Familie, sondern auch für die Gesellschaft für unverzichtbar gehalten. Ein Blick in die weitere Vergangenheit zeigt aber, **dass zur spezifisch europäischen Entwicklung der Familie schon immer eine Vielfalt der Lebensformen gehört hat**. Der Begriff von Familie, der die verschiedenen Lebensformen umfasste, hat sich überhaupt erst im 18. Jahrhundert herausgebildet. Solange Familienleben und Produktionsbereich noch untrennbar verbunden waren, wurde vom ganzen Haus gesprochen. Diese Lebensform betraf jedoch nur bestimmte Schichten von Bauern und Handwerkern, die sich Gesinde und andere abhängig Beschäftigte leisten konnten. Denn bis in die Neuzeit hinein war die Familiengründung an spezifische Besitz- bzw. Eigentumsverhältnisse gebunden; es bestanden zudem vielfältige Heiratsschranken und Ehehindernisse. Aus diesem Grund hat die historische Familienforschung auch die verbreitete Vorstellung von der Entwicklung der Groß- zur Kleinfamilie, mit der die Vergangenheit häufig idealisiert wird, als einen »Mythos« bezeichnet.

(13) Auch die **bürgerliche Familie**, die sich bis in unsere Tage zum Leitbild und Inbegriff familiärer Kultur entwickelt hat, konnte noch am Ende des 19. Jahrhunderts nur von einer verhältnismäßig kleinen Gesellschaftsschicht gelebt werden – Schätzungen sprechen von einer Minderheit von 5-15 % mit leicht steigender Tendenz (Kocka 1988, 13). Ihre Vorbildfunktion beruhte auf der mit der Industrialisierung ermöglichten Trennung von Haushalt und Betrieb, der Absicherung durch das Einkommen bzw. den Lohn eines Familienernährers und damit einer geschlechtsspezifischen familiären Aufgabenteilung, die einer neuen, die liberale Gesellschaft kennzeichnenden Trennung von Privatsphäre und bürgerlicher Öffentlichkeit entsprach. Im letzten Drittel des 18. Jahrhunderts entstand zugleich die Vorstellung »polarisierter Geschlechterrollen«, wonach dem Mann das öffentliche Leben, das Recht und der Gelderwerb – kurz die »männliche« Sphäre der Vernunft – vorbehalten war, während der Frau das häusliche Leben, Erziehung und Hingabe zur »Bestimmung« wurde, weil man Liebe, Gefühl und Gemüt eher als »weiblich« begriff. Medizin, Anthropologie, Psychologie und schließlich die Psychoanalyse haben dieses Konzept im Laufe des 19. Jahrhunderts »wissenschaftlich fundiert« (Hausen 1976, 369; vgl. auch Honegger 1991). Die populäre Ratgeberliteratur mit ihren Haushalts-, Koch- und Erziehungsbüchern hat ein Übriges dazu getan, »Kinder, Küche und Kirche« als Sphäre der Frauen zu definieren. Paradoxerweise konnte sich also in einer Zeit, in der überkommene Standesdefinitionen erodierten und die Freiheit der Menschen zum rechtsstaatlichen Programm erhoben wurde, zugleich die »naturgegebene« Differenz der Geschlechter als ausschlaggebendes Orientierungsmuster durchsetzen.

(14) Im **Familienrecht** wurden **Ehe und Familie** deshalb nicht nur als Vertrag zwischen gleichberechtigten Partnern verstanden, wie es dem Programm der Aufklärung entsprach, sondern im Laufe des 19. Jahrhunderts durch die juristischen Lehren von der **Ehe als Institution** abgesichert. Hierfür waren J. G. Fichtes »Deduktionen über die Ehe« aus dem Anhang seiner Schrift »Grundlagen des Naturrechts« richtungweisend. Einflussreich war Fichte vor allem deshalb, weil er – ganz im Zeitgeist der Romantik – die »freiwillige« Unterwerfung der Frau unter die Vorrechte des Mannes in allen Eheangelegenheiten als Ausdruck ihrer Liebe »zu dem Einen« zu rechtfertigen verstand (Fichte 1960, 104f. u. 300f.). Die Überhöhung der Ehe als »objektiv sittliche Ordnung« (so noch in Entscheidungen des Bundesgerichtshofes bis in die 1960er Jahre, vgl. BGHZ 18,13ff.) hat damit zugleich eine Geschlechterordnung legitimiert, in der dem Mann als »Haupt der Gemeinschaft« alle Entscheidungsbefugnis, alle Verfügung über das eheliche Eigentum und die Pflicht zum Unterhalt oblag. Die Frau hingegen war zur Einhaltung der »ehelichen Pflichten«, zu Unterordnung und Gehorsam und gemäß einer traditionellen geschlechtsspezifischen Arbeitsteilung zu persönlichen Dienstleistungen jeder Art in der Familie, wie im Betrieb des Mannes, verpflichtet. Autonomie und Abhängigkeit waren damit höchst ungleich verteilt.

(15) Da das deutsche Privatrecht vor der Reichsgründung 1871 und der Rechtsvereinheitlichung im BGB wegen der verschiedenen Rechtsquellen und Rechtskreise sehr unübersichtlich war, hatte die Rechtswissenschaft insbesondere im Familienrecht großen Einfluss auf die Rechtsentwicklung. In Reaktion auf die durchaus frauenfreundlichen Bestimmungen des Preußischen Landrechts begründete sie die Lehre von

der Ehe als Institution. Dies führte in Preußen um 1850 nicht nur zur Erschwerung der Ehescheidung, sondern auch zur Einschränkung der Eigentumsrechte von Ehefrauen, insbesondere aber zur Beschneidung der Rechtsansprüche nicht in der Ehe geborener Kinder und ihrer Mütter. Diese Regelungen fanden dann Eingang in die Ausgestaltung der familienrechtlichen Bestimmungen des **Bürgerlichen Gesetzbuches (BGB)**, das 1900 in Kraft trat (Gerhard 2007). Das Familienrecht in Deutschland ist bis hin zum besonderen Schutz von Ehe und Familie in Art. 6 des Grundgesetzes (GG) durch dieses Verständnis geprägt, in dem die Ehe – gemessen an der für die Rechtsentwicklung allgemein bezeichnenden Entwicklung vom Status zum Vertrag – für lange Zeit eine »Enklave ungleichen Rechts« (Grimm 1987) war.

(16) Die Kritik an der Institution Ehe, die Verständigung über Unrechtserfahrungen von Frauen in der Ehe und das Leiden an der Rechtlosigkeit der Mütter sind seit der 1848er Revolution der **Auslöser für vielfältige Proteste und Rechtskämpfe der Frauenbewegung** in Deutschland gewesen. Vor der Verabschiedung des Bürgerlichen Gesetzbuches (BGB) hatten die bürgerlichen wie die sozialdemokratischen Frauenverbände in seltener Einmütigkeit die familienrechtlichen Bestimmungen des neuen Gesetzbuches in zahlreichen Petitionen detailliert kritisiert und in Massenprotesten in der Öffentlichkeit als »unwürdig, unzeitgemäß und kulturhemmend« verworfen. Ihren Vorarbeiten, insbesondere denen der ersten Juristinnen in den 1920er Jahren, ist schließlich die ausdrückliche Anerkennung der Gleichberechtigung von Mann und Frau in allen Rechtsbereichen, also auch im Familienrecht, zu verdanken, die in Art. 3 Abs. 2 des Grundgesetzes verankert ist. Sie konnte allerdings im Parlamentarischen

Rat erst durchgesetzt werden, nachdem Elisabeth Selbert 1948/49 eine breite Frauenöffentlichkeit mobilisiert hatte.

(17) Die neue Frauenbewegung der 1970er und -80er Jahre, die im Zuge der Bürgerrechts- und Studentenbewegungen im Westen entstand, hat sich nicht mehr mit der nur formal zugesicherten Gleichberechtigung begnügt, sondern die Selbstbestimmung und die im Privaten verborgene Gewalt in den Geschlechterbeziehungen zu einem politischen Thema gemacht. Auf der Grundlage des Art. 3 GG konnte sie sehr viel grundsätzlicher die geschlechtshierarchische Arbeitsteilung in Familie und Beruf in Frage stellen. Dabei ging es nicht mehr nur um gleiche Ausbildungs- und Erwerbschancen, sondern auch um eine stärkere Beteiligung der Männer und Väter an Hausarbeit und Kindererziehung. Weltweit hat die Frauenbewegung damit einen **kulturellen Wandel in den Geschlechterbeziehungen** eingeleitet, der nicht ohne Einfluss auf das Familienrecht geblieben ist.

(18) Mit der Einführung des **Artikel 3 Abs. 2 des Grundgesetzes** der Bundesrepublik Deutschland**, der die Gleichberechtigung von Mann und Frau** begründet, war gemäß Art. 117 Grundgesetz **nach 1953 eine Reform des Eherechts** notwendig geworden. Zwischen der zugesicherten Gleichberechtigung der Frau und dem gemäß Art. 6 Grundgesetz garantierten besonderen Schutz von Ehe und Familie bestand jedoch von Anbeginn ein Spannungsverhältnis, das im Verlauf der vergangenen 50 Jahre Rechtsprechung und Gesetzgeber immer wieder beschäftigt hat, weil sich sowohl die Geschlechterverhältnisse als auch die Rahmenbedingungen für Familien, insbesondere die Erziehung von Kindern, in dieser Zeit entscheidend veränderten. Das Bundesverfas-

sungsgericht war dabei ein entscheidender Schrittmacher für mehr Gleichberechtigung der Frau und die Rechte von Kindern. Doch es war ein langer Weg von der eher formalen Feststellung z.B. aus dem Jahr 1957, wonach »die erwerbswirtschaftliche Tätigkeit der Frau« nicht »von vornherein als ehezerstörend zu werten ist« (BVerfGE 6, 55ff.), bis zu der Grundsatzentscheidung aus dem Jahr 1998, die zur Grundlage für neue politische Initiativen zur Neugestaltung des Kinderleistungsausgleichs und für den Ausbau der Kinderbetreuung geworden ist: Danach muss »der Staat [...] auch Voraussetzungen schaffen, dass die Wahrnehmung der familialen Erziehungsaufgabe nicht zu beruflichen Nachteilen führt, dass eine Rückkehr in eine Berufstätigkeit ebenso wie ein Nebeneinander von Erziehung und Erwerbstätigkeit für beide Elternteile einschließlich eines beruflichen Aufstiegs während und nach Zeiten der Kindererziehung ermöglicht und dass die Angebote der institutionellen Kindererziehung verbessert werden« (BVerfGE 99, 234).

(19) Das erste Gleichberechtigungsgesetz von 1957 ging allerdings noch von der »funktionalen Verschiedenheit der Geschlechter« (so auch das BVerfG von 1953) und der »Hausfrauenehe« als gesetzlicher Norm aus. Danach war die Frau zur Haushaltsführung verpflichtet und zur Erwerbstätigkeit nur berechtigt, »soweit dies mit ihren Pflichten in Ehe und Familie vereinbar« war (§ 1356 BGB a. F.). Erst durch die **Familienrechtsreform von 1977** wurde diese Normierung der geschlechtsspezifischen Arbeitsteilung in der Ehe aufgehoben und die Aufgaben- und Rollenverteilung den Ehegatten zur Vereinbarung überlassen. Erst seitdem können die Eheleute per Absprache entscheiden, wie sie Haushaltsführung und Erwerbstätigkeit regeln. Auch eine gesetzliche Mit-

arbeitsverpflichtung der Ehefrau ist nicht mehr vorgesehen, sie kann sich aber im Einzelfall – wie auch umgekehrt – aus Beistands- und Unterhaltspflichten ergeben. Beide Ehegatten sind gegenseitig und gegenüber der Familie zum Unterhalt verpflichtet.

(20) Wie das Recht der ehelichen Lebensgemeinschaft ist auch das **Scheidungsrecht 1977** entscheidend verändert worden. An die Stelle des »Schuldprinzips« ist das Zerrüttungsprinzip getreten, das den Weg zu einverständlichen Scheidungen erleichtert. Auf Antrag eines oder beider Ehegatten kann die Ehe geschieden werden, wenn sie gescheitert ist (§ 1565 BGB). In der Praxis wird das »Scheitern der Ehe« nicht inhaltlich festgestellt, sondern die Familiengerichte orientieren sich an den gesetzlichen Vermutungen, differenziert nach der Dauer des tatsächlichen Getrenntlebens. Leben die Ehegatten mindestens ein Jahr getrennt und sind beide mit der Scheidung einverstanden, wird die Ehe geschieden. Stellt nur ein Ehegatte einen Scheidungsantrag, kann die Ehe auch gegen den ausdrücklichen Willen des anderen Ehegatten geschieden werden, wenn die Trennungszeit mindestens drei Jahre dauerte (§ 1566 Abs. 2). Dann besteht eine »unwiderlegbare Vermutung« für das Scheitern der Ehe. Nur in ganz extremen Ausnahmenfällen (§ 1568) kann die einseitige Lösung der Ehe durch eine »Härteklausel« verhindert bzw. aufgeschoben werden. Das Scheidungsrecht stellt somit die Ehescheidung weitgehend in die Dispositionsfreiheit der Eheleute, indem es die gesetzlichen Voraussetzungen auf ein Minimum beschränkt – das Scheidungsrecht der DDR hatte diesen Schritt bereits seit 1965 vollzogen. Einvernehmliche Scheidungen sind die Regel; Auseinandersetzungen zwischen den Eheleuten haben sich weg von der Schuldfrage hin zu Konflikten um

nachehelichen Unterhalt und das Sorge- und Umgangsrecht verschoben.

(21) Die mit der Teilung Deutschlands 1949 beginnende **Systemkonkurrenz zwischen BRD und DDR** bzw. zwischen West- und Ostblock wurde insbesondere **auch auf dem Feld der Familienpolitik ausgetragen**. Statt auf die bürgerliche Familie für alle setzte die DDR auf Gleichberechtigung durch Erwerbstätigkeit. Die Gleichberechtigung der Frau war durch Art. 7 der DDR-Verfassung von 1949 garantiert und wurde unmittelbar in Kraft gesetzt. Weitere Verfassungsartikel traten unmittelbar für die Lohngleichheit zwischen Mann und Frau (Art. 18), den »besonderen Mutterschutz«, Art. 32, die Gleichstellung der »außerehelich« geborenen Kinder, Art. 33, sowie »das gleiche Recht auf Bildung und freie Wahl des Berufes«, Art. 35 DDR-Verfassung, ein. Das Mutter- und Kinderschutzgesetz von 1950 ergänzte diese Entwicklung durch die Außer-Kraftsetzung zentraler Bestimmungen des Familienrechts des BGB, z.B. durch die Aufhebung des Entscheidungsrechts des Ehemannes und der elterlichen Gewalt des Vaters, § 1354 BGB und § 1627 BGB, sowie durch die Einführung der Gütertrennung. Die Gleichberechtigung der Frau galt deshalb den Beteiligten als »eine der größten Errungenschaften« der DDR und wurde durch materielle und soziale Hilfen für Mütter und Kinder sowie seit den 1970er Jahren durch ein ganzes Bündel sozialpolitischer Maßnahmen zur Vereinbarkeit von Familie und Beruf gestützt. Für die Kinder gab es von Geburt an eine an die Arbeitszeiten der Eltern angepasste soziale Infrastruktur von Kinderkrippen, Kindergärten und Schulhorten – wobei der SED-Staat seine Trägerschaft zur ideologischen Prägung der Kinder mit dem Ziel einer »allseits gebildeten sozialistischen

Persönlichkeit« zu nutzen suchte. Mit der Vereinbarkeit von Erwerbstätigkeit und Familie sollte sowohl der »Wille zum Kind« gestärkt als auch die Rekrutierung der Frauen als Arbeitskräfte ermöglicht werden. Schon 1970 lag die Erwerbsquote ostdeutscher Frauen um 20 Prozentpunkte über der der westdeutschen. 1989 erreichte die Frauenerwerbsbeteiligung fast 90 % im Gegensatz zu 55% in Westdeutschland. Diesen sozialen »Errungenschaften« stand allerdings die gravierende Einschränkung politischer und ziviler Freiheitsrechte gegenüber. Und trotz der selbstverständlichen Gleichberechtigung im Berufsleben ruhte die Hauptlast der alltäglichen Familienarbeit auch in der DDR auf den Frauen. Das erst 1965 verabschiedete Familiengesetzbuch (FGB) ging von einer Identität der Interessen von Staat, Gesellschaft und Familie aus und erklärte die Mitwirkung der Familie bei der »Entfaltung der sozialistischen Persönlichkeit« zu ihrer Hauptfunktion. Schon damals wurde zunächst durch Rechtsverordnung, dann durch das FGB der Unterhaltsanspruch eines geschiedenen Ehegatten, i. d. R. der Frau, quasi abgeschafft, d.h. allenfalls zeitlich begrenzt bzw. nur bei Bedürftigkeit gezahlt. Für »die Nichtausübung eines Berufs (mussten) gesellschaftlich anerkennenswerte Gründe dafür vorliegen« (Grandke 1981). Entgegen dieser politischen Zielsetzung blieb die Familie aber für viele eine – wie auch immer gefährdete und kontrollierte – Privatsphäre, in der sich, wie die Bürgerrechtsbewegung und ostdeutsche Frauenbewegung belegen, eigenständige Persönlichkeiten, individuelle Initiativen und Solidarität entwickeln konnten.

(22) Für die **westdeutsche Familienpolitik** war die ostdeutsche – als kollektivistisch bezeichnete – Sozial- und Familienpolitik eine Negativfolie staatlicher Einflussnahme, vor der in

den 1950er Jahren die Verbreitung des bürgerlichen Familienmodells nun für alle Bevölkerungsschichten begründet wurde. Denn über Krieg und Katastrophen und selbst Diktaturen hinweg hatte sich die Familie als Hege- und Schutzraum, als letzte Grundlage der sozialen Zuflucht und Sicherheit erwiesen und eine erstaunliche Widerstandskraft bewahrt. In den 1950er Jahren ermöglichte es nun das Wirtschaftswunder breiten Schichten in Westdeutschland, das Ideal der bürgerlichen Familie zu leben. Dass Frauen nicht »arbeiten mussten«, dass Kinder »keine Schlüsselkinder« waren, war bis Ende der 1960er Jahre der Stolz vieler Familien im Westen. Die besondere Bedeutung der Familie für die Rückkehr zur Normalität und die Stabilisierung gesellschaftlicher Verhältnisse und damit auch für die Restrukturierung traditioneller Geschlechterrollen wird in vergleichenden Studien für alle westlichen, am Krieg beteiligten Industrienationen hervorgehoben. Die kollektive Sehnsucht nach Normalität und »heiler Welt« hat Mythen, Ideale und wirkmächtige Rollenbilder (zum Beispiel im Blick auf die Mutterrolle und Mütterlichkeit) aufleben lassen, die schon damals nicht mehr in die prosperierende Industriegesellschaft passten.

(23) Nicht zuletzt in ausdrücklicher **Abgrenzung zur nationalsozialistischen Diktatur**, die entgegen ihrer spezifischen Ideologie von Mutterschaft Frauen verstärkt zur Erwerbstätigkeit in der Kriegswirtschaft herangezogen und in der Verfolgung rassistischer Bevölkerungspolitiken auf vielfältige Weise in die Familien hineinregiert hatte, werden im Grundgesetz der Bundesrepublik Deutschland Ehe und Familie ausdrücklich dem staatlichen Zugriff entzogen. Wie alle anderen Grundrechte ist Art. 6 Abs. 1 insbesondere auch als Schutz- und Abwehrrecht gegen staatliche Maßnahmen/Eingriffe in

die spezifische Privatsphäre der Ehe und Familie zu verstehen. Dieser spezifische Freiraum des Familienlebens, der bei aller politisch-institutionellen Prägung gleichwohl Raum für ein »eigensinniges« Miteinander lässt, ist von den Kirchen immer besonders gestützt worden.

4. Verfassungsrechtliche Vorgaben und Leitbilder von Ehe und Familie im Familienrecht heute

> Die weitreichenden Änderungen im Familienrecht der letzten Jahre folgen einerseits dem Strukturwandel der Familie und tragen der neuen Vielfalt der Familienformen Rechnung, andererseits geben sie Regelungen vor, die der gesellschaftlichen Wirklichkeit vorauseilen. Die nachhaltigste Veränderung ist die Anerkennung eines erweiterten Familienbegriffs, die nicht nur die traditionelle Kleinfamilie, sondern auch alternative Lebensformen unter den institutionellen Schutz des Art. 6 Grundgesetz stellt. Ausschlaggebend hierfür ist einerseits das Kindeswohl, andererseits die Gleichberechtigung aller Mitglieder der Familie, die nun neben Frauen auch Kinder einbezieht.

(24) Gerade im Familienrecht, das in besonderer Weise in kulturellen und sozialen Wandel eingeschlossen ist, wird an vielen Stellen deutlich, dass das Recht zum einen gesellschaftliche Entwicklungen kodifizierend nachvollzieht, zum anderen aber auch gesellschaftliche Trends einleiten oder verstärken kann. Das betrifft auch die Rechtsauslegungen und Rechtsauffassungen zu Art. 6 Abs. 1 des Grundgesetzes, in dem es heißt: »Ehe und Familie stehen unter dem besonderen Schutze der staatlichen Ordnung.« Wie alle Grundrechte ist Art. 6 Abs. 1 GG zunächst ein **Schutz- und Abwehrrecht** gegen staatliche Eingriffe. Das bedeutet: Die Gestaltung der Ehe wird der Eigenverantwortung der Ehepartner übertra-

gen; es ist ein weitgehend rechtsfreier Raum, in dem z.B. Absprachen der Eheleute über die Gestaltung ihres Ehelebens im persönlichen und intimen Bereich nicht justiziabel sind (z.B. Absprachen über empfängnisverhütende Mittel).

(25) Neben seiner Funktion als Schutz- und Abwehrrecht bezeichnet die **Garantie des Staates für** das Institut der Ehe nach ständiger Rechtsprechung zugleich **ihre wesentlichen Strukturprinzipien**. Dazu gehören neben der Verschiedengeschlechtlichkeit der Ehepartner das Prinzip der Einehe, die Freiheit zur Eheschließung, das Gebot der Zurückhaltung bei der Aufstellung von Eheverboten, die Gleichberechtigung der Ehepartner und die grundsätzliche, aber mit Ausnahmen versehene Unauflöslichkeit der Ehe. Diese substanziellen Elemente von »Ehe« dürfen nicht durch das (Familien-)Recht ausgehöhlt werden (Ständige Rechtsprechung des BVerfG, vgl. BVerfG v. 17.7.2002). Art. 6 Abs. 1 GG enthält eine verbindliche Wertentscheidung für die »Ehe«, die in der Rechtsordnung insgesamt zu beachten ist. Dies beinhaltet ein **Benachteiligungsverbot** und **Schutzgebot zur Förderung von Ehe und Familie**. Der Staat hat alles zu unterlassen, was die Ehe schädigt oder sonst beeinträchtigt. Sie darf nicht gegenüber anderen Lebensformen schlechter gestellt werden.

(26) Aus der Wertentscheidung des Art. 6 Abs. 1 GG in Verbindung mit dem Sozialstaatsprinzip lässt sich zwar die allgemeine Pflicht des Staates zu einem Familienlastenausgleich entnehmen, nicht aber die Entscheidung darüber, in welchem Umfang und in welcher Weise ein solcher sozialer Ausgleich vorzunehmen ist. Der Staat ist nicht verpflichtet, jegliche die Familie treffende finanzielle Belastung auszugleichen (BVerfG v. 29.10.2002).

(27) In jüngster Zeit sind Reichweite und Bedeutung dieser Institutsgarantie der **Ehe** aus verschiedenen Perspektiven diskutiert und neu interpretiert worden. Im Kontext der Verabschiedung des Gesetzes über die **eingetragene Lebenspartnerschaft (LPartG)** von homosexuellen Paaren, das seit dem 1.1.2001 in Kraft ist, wurde erneut und wird bis heute das verfassungsrechtliche Verhältnis der Lebenspartnerschaft zur »Ehe« diskutiert, zumal durch die Novellierung des Lebenspartnergesetzes zum 1.1.2005 eine weitere rechtliche Angleichung der eingetragenen Lebenspartnerschaft an die Ehe im Unterhaltsrecht, im Zugewinn- und Versorgungsausgleich wie auch in der gesetzlichen Rentenversicherung erfolgte (§ 46 SGB VI).

(28) Zunächst war umstritten, ob das Lebenspartnerschaftsgesetz überhaupt mit Art. 6 Abs. 1 GG vereinbar sei und inwieweit die Institutsgarantie für die »Ehe« erfordere, andere Lebensformen »im Abstand« zur Ehe rechtlich auszugestalten. Nach verschiedenen, die Gleichbehandlung ablehnenden Urteilen kommt der 1. Senat des Bundesverfassungsgerichts in zwei Beschlüssen (BVerfG v. 7.7.2009; BVerfG v. 21.7.2010) zu dem Ergebnis, dass an die Rechtfertigung einer unterschiedlichen Behandlung von Ehe und Lebenspartnerschaft im Recht zukünftig strenge Anforderungen gestellt werden müssen. Nur der Hinweis auf den besonderen Schutz der Ehe reiche nicht aus. Da nach Ansicht des Senats die Lebenspartnerschaft auf der Anerkennung unterschiedlicher sexueller Orientierung beruht, ist ihre Nichtdiskriminierung ein Gebot europäischen Rechts. Der Senat erkennt weiter an, dass für Ehe und Lebenspartnerschaft gemeinsame konstitutive Elemente gelten: Sie sind **auf Dauer angelegt, rechtlich verbindliche Lebensbeziehungen und begründen eine gegenseitige Unterhalts- und Einstandspflicht**.

(29) Ein entscheidender Impuls für diese veränderte Rechtsauffassung liegt in der **Weiterentwicklung des Antidiskriminierungsrechts der Europäischen Union**. Danach darf die »sexuelle Ausrichtung« nicht Grund für eine ungleiche Behandlung sein (Art. 10, 19 AEUV, EG-Richtlinie 2000/78 sowie nach Art. 21 Abs. 1 der Charta der Grundrechte der EU). Diese allgemeinen Zielbestimmungen sind durch mehrere EU-Richtlinien zu Antidiskriminierung konkretisiert und in Deutschland durch das Allgemeine Gleichbehandlungsgesetz (AGG) seit 2006 umgesetzt worden. Lebenspartner dürfen danach nicht gegenüber Ehepartnern wegen ihrer sexuellen Orientierung – § 1 AGG spricht von »sexueller Identität« – benachteiligt werden. Obwohl die Europäische Union keine Rechtssetzungskompetenz für das Familienrecht der Mitgliedsstaaten hat, begründet das Antidiskriminierungsrecht weitreichende Auswirkungen auf die Gestaltung des nationalen Sozial- und Arbeitsrechts. Deutschland hat mit dem Institut der eingetragenen Lebenspartnerschaften eine der Ehe »vergleichbare Situation« geschaffen, indem Lebenspartner wie Ehegatten einander zur Fürsorge und zum Unterhalt verpflichtet sind. Daher müssen Ehe- und Lebenspartner gegenüber sozialen Risiken, wie z.B. in der Hinterbliebenenversorgung, gleich behandelt werden (EuGH v. 1.4.2008; EuGH v. 10.5.2011).

(30) Das Bundesverfassungsgericht orientiert sich für den Schutzbereich des Art. 6 GG inzwischen an einem **erweiterten Familienbegriff**, an den tatsächlich gelebten Formen von Familie. Danach ist Familie »die umfassende Gemeinschaft zwischen Eltern und Kindern, seien diese ehelich oder nichtehelich« (Jarrass/Pieroth, 2009 zu Art. 6 Rn. 6 m. w. N. aus der Rechtsprechung). Die Ehe ist nicht mehr die Voraussetzung

für Elternschaft und für Familie i. S. d. Art. 6 GG. **Geschützt sind alle Formen gelebter Eltern-Kind-Beziehungen.** Dazu gehören Einelternfamilien und Familien mit Stief-, Adoptiv- und Pflegekindern. Auch Lebenspartnerschaften und nichteheliche Lebensgemeinschaften mit (gemeinsamen) Kindern stehen unter dem Schutz des Art. 6 GG.

(31) Damit eng verknüpft ist der grundrechtliche Schutz des Rechts und der Pflicht der Eltern zur **Pflege und Erziehung der Kinder** nach Art. 6 Abs. 2 GG. Die Verfassungsnorm geht zwar von dem Regelfall aus, in dem das Kind mit den durch die Ehe verbundenen Eltern in einer Familiengemeinschaft zusammenlebt und Vater und Mutter gemeinsam die Sorge für das Kind übernehmen. Der Schutz des Art. 6 Abs. 2 GG greift aber auch dann, wenn die Eltern nicht miteinander verheiratet sind. Vorrang hat die Gleichstellung der nicht in der Ehe geborenen Kinder gemäß Art. 6 Abs. 5 GG. Die Elternstellung zu einem Kind wird nicht allein durch Abstammung bestimmt; sie kann auch durch **sozial-familiäre Verantwortungsgemeinschaft** vermittelt werden. Art. 6 Abs. 1 und 2 GG erstrecken ihren Schutz somit auf die »soziale Familie im Sinne einer Verantwortungsgemeinschaft für Kinder« und stärken ihren grundrechtlichen Schutz (BVerfG v. 9.4.2003). Ehe und biologische Abstammung sind damit nicht mehr konstituierende Merkmale von »Familie« im Sinne des Grundgesetzes.

(32) **Die Reform des Kindschaftsrechts** von 1998 bezeichnet die rechtliche **Wegmarke für ein verändertes Familienverständnis**, indem der Gesetzgeber hier ausdrücklich der Eltern-Kind-Beziehung einen Vorrang vor der Paarbeziehung einräumt. Dahinter steht eine grundlegende Veränderung hin

zu einem Familienrechtsverständnis, in dem auch die Kinder als eigenständige Rechtssubjekte angesehen werden. Das 1989 von der UNO-Vollversammlung verabschiedete Übereinkommen (UN-Kinderrechtskonvention), das am 5. April 1992 in Deutschland in Kraft getreten ist, sieht völkerrechtlich verbindliche Mindeststandards zum Wohl des Kindes und zur Berücksichtigung des Kindeswillens vor. Dazu gehören u.a. das Recht auf Bildung, Gesundheitsvorsorge sowie Schutz vor jeglicher Form von Gewalt, auch sexueller, und vor wirtschaftlicher Ausbeutung. Das Übereinkommen verlangt neben der Einhaltung der Kinderrechte die Bekanntmachung der Grundsätze sowie regelmäßige Rechenschaftsberichte.

(33) Nach Entscheidungen des europäischen Gerichtshofs für Menschenrechte (v. 3.12.2009) und anschließend des Bundesverfassungsgerichts (v. 21.7.2010) hat der Gesetzgeber den Schutz der sozialen Familie zugunsten **eines gemeinsamen Sorgerechts nicht miteinander verheirateter Eltern** weiter erleichtert. Wenn nicht beide Eltern ohnehin eine gemeinsame Sorgerechtserklärung abgeben – was bei über 60 % der nicht verheirateten Eltern der Fall ist –, kann der Vater einen Antrag auf gemeinsames Sorgerecht stellen. Falls die Mutter widerspricht, entscheidet das Familiengericht, ob die gemeinsame Sorge dem Kindeswohl entspricht. Anders als beim Sorgerecht hat der rechtliche Vater immer ein grundrechtlich geschütztes **Umgangsrecht** – genauso wie der Vater eines ehelichen Kindes.
Nach einer Trennung bzw. Scheidung bleibt es beim gemeinsamen Sorgerecht, es sei denn, ein Elternteil stellt einen Antrag auf Alleinsorge. »Stiefeltern« (d. h. der Ehegatte/Lebenspartner eines allein sorgeberechtigten Elternteils) dürfen in »Angelegenheiten des täglichen Lebens« im Einvernehmen

mit dem sorgeberechtigten Elternteil mitentscheiden (§1687 b BGB). Befindet sich ein Kind längere Zeit in Familienpflege (§ 33 SGB VIII), geht der Gesetzgeber davon aus, dass zwischen dem Kind und seinen Pflegeeltern eine enge soziale Bindung entstanden sein kann. Deshalb ist auch die aus dem Kind und den Pflegeeltern bestehende Pflegefamilie durch Art. 6 Abs. 1 GG geschützt. In einer Lebenspartnerschaft kann eine bzw. einer der Partner das leibliche wie auch das adoptierte Kind seines Lebenspartners bzw. seiner Lebenspartnerin auf Antrag annehmen (BVerfGE v. 19.02.2013); das Kind wird gemeinschaftliches Kind beider Lebenspartner, für das beide die gemeinsame Sorge haben (§ 9 Abs. 7 LPartG, vgl. Hk-LPartR/Kemper [2006] § 9 Rn. 38).

(34) Die Familienrechtsreform, die am 1.1.2008 in Kraft getreten ist, hat schließlich mit ihren Neuregelungen im **Unterhaltsrecht** die Bedeutung der Ehe für die Verantwortungsgemeinschaft Familie rechtspolitisch weiter geschwächt und die Verpflichtung zu »nachehelicher Solidarität« zeitlich begrenzt. Stattdessen wurde der Grundsatz der »Eigenverantwortung der Ehegatten« in den Vordergrund gerückt (§ 1569 BGB). Die **eigenständige Existenzsicherung** soll die Regel sein. Beide Ehepartner haben seitdem verstärkt die Pflicht, nach einer Scheidung für den eigenen Unterhalt zu sorgen. Nacheheliche Unterhaltsansprüche des ökonomisch schwächeren Ehegatten, in der Regel nach wie vor der Frau, können mehr als bisher zeitlich befristet bzw. herabgesetzt werden (§ 1578 b BGB, vgl. BT-Drs. 16/1830 S. 16). Gleichzeitig wird aber die Pflicht, eine angemessene Erwerbstätigkeit auszuüben, betont (§§ 1573, 1574 BGB). Diese Verpflichtung kann auch bedeuten, eine Erwerbstätigkeit auszuüben, die unter dem Ausbildungsniveau liegt. Damit kann Müttern oder Vätern,

die ihre Erwerbstätigkeit zugunsten der Familienvorsorge zurückgestellt haben, anders als bisher, auch ein sozialer Abstieg zugemutet werden. Da die Neuregelung des Unterhaltsrechts grundsätzlich auch die vor der Reform von 2008 geschlossenen und geschiedenen Ehen betrifft, die, bisher durch Gesetze und sozialpolitische Rahmenbedingungen gestützt, Lebensentwürfe mit geschlechtsspezifischer Arbeitsteilung praktiziert haben, kann das neue Recht bei allen, die keine angemessene Beschäftigung finden, zu harten Einschnitten in gesichert geglaubte Rechtspositionen führen. Damit verletzt diese Neuregelung den üblichen rechtlichen Vertrauensschutz. Die neue Rechtslage sollte jungen Menschen klar sein, wenn sie sich für diese Lebensform mit traditioneller Arbeitsteilung entscheiden.

(35) Besonders umstritten ist der in der Praxis wichtige **Unterhaltsanspruch wegen Betreuung** gemeinsamer Kinder **(§ 1570 BGB)**. Er wird jetzt grundsätzlich auf einen Basisunterhalt bis zur Vollendung des dritten Lebensjahres des Kindes begrenzt. Von den betroffenen Müttern und Vätern (in der Regel sind es jedoch nach wie vor die Frauen) wird eine je nach individueller Betreuungsbedürftigkeit des Kindes abgestufte **Berufstätigkeit bis zur Vollzeittätigkeit** erwartet. Die Verpflichtung zu einer (Vollzeit-)Erwerbstätigkeit des Elternteils, bei dem die Kinder leben, führt in der Regel zu einer deutlich ungleichen Lastenverteilung beider Elternteile. Diese faktische Doppelbelastung der Alleinerziehenden wird inzwischen von den Familiengerichten berücksichtigt, nicht zuletzt im Hinblick auf die noch immer lückenhafte Ganztagesbetreuung. Nach der neuen Regelung des Unterhaltsrechts **bietet eine Ehe** auch dann keine Versorgungssicherheit, wenn Frauen zur Erziehung von Kindern im Einvernehmen

mit ihrem Ehemann mehrere Jahre aus dem Beruf ausgeschieden waren oder nur in geringem Umfang eigenes Erwerbseinkommen erzielt haben. Erwerbsarbeit ist zum Rollenmodell und zur gesellschaftlichen Verpflichtung für beide Partner geworden. Die angebliche Wahlfreiheit zur Entscheidung über den Umfang der Erwerbsarbeit und die Verteilung der Aufgaben innerhalb einer Partnerschaft wird damit – im Blick auf eine Scheidung – obsolet. Noch ist politisch ungeklärt, wie das im Unterhaltsrecht verordnete Zweiverdienermodell und damit die Sorge für Kinder und Pflegebedürftige neben der Erwerbsarbeit auf Dauer angemessen gewährleistet werden soll. Die Neuregelungen stehen **im Widerspruch zum bisher im westdeutschen Familienrecht vertretenen Prinzip der nachehelichen Solidarität und den Rahmenbedingungen der Arbeits- und Sozialpolitik**, die nach wie vor Ehen mit einem Alleinverdiener bzw. Hauptverdiener finanziell begünstigen (vgl. dazu weiter unten Kap. 7).

(36) Neben bzw. unabhängig von diesem Ehegattenunterhalt ist der Kindesunterhalt neu geregelt und ein Mindestunterhalt für minderjährige Kinder eingeführt worden. Auch in dieser Hinsicht werden nun, wie vom Bundesverfassungsgericht gefordert, **nichteheliche und eheliche Kinder im Unterhaltsrecht gleich** behandelt. Kinder, die von geschiedenen Elternteilen oder nicht verheirateten Elternteilen betreut werden, haben denselben Anspruch auf Kindesunterhalt; anders als früher werden sie nun in Bezug auf Höhe des Kindesunterhalts und die (auf drei Jahre verkürzte) Dauer des Betreuungsunterhalts gleich behandelt. Der Unterhaltsanspruch von minderjährigen und volljährigen Kindern, die noch im Elternhaus wohnen und sich in der allgemeinen Schulausbildung befinden (§ 1603 Abs. 2 Satz 2 BGB), hat außerdem

stets Vorrang auch vor dem Unterhaltsanspruch ehemaliger Ehepartnerinnen.

(37) Durch eine zunächst kaum beachtete **Änderung des Personenstandsgesetzes** ist die Evangelische Kirche in Deutschland schließlich auch herausgefordert worden, das evangelische Verständnis von Ehe und Eheschließung im Verhältnis zum staatlichen Eherecht zu überdenken. Die Neuregelung des Personenstandsgesetzes vom 1. Januar 2009 hob die frühere Vorschrift auf, wonach die standesamtliche, d. h. die bürgerlich rechtliche Eheschließung immer der kirchlichen Trauung vorausgehen musste. Mit dem Wegfall dieses Gebots entstand die Frage, ob es in Zukunft kirchliche Eheschließungen auch ohne vorherige rechtliche Bindung durch die Rechtsform der Ehe geben solle. Eine vom Rat der EKD eingesetzte Arbeitsgruppe, die sich intensiv mit dem Eheverständnis und der Traupraxis der evangelischen Kirche beschäftigte, kam zu dem Ergebnis, dass »es auch künftig in den Gliedkirchen der Evangelischen Kirche in Deutschland keine rein kirchlich geschlossenen Ehen geben soll. Dem (in der gutachterlichen Äußerung) vorgetragenen evangelischen Verständnis von Ehe und Eheschließung entspricht es vielmehr, dass die Ehe als bürgerlich-rechtliche geschlossen und ihr in einem Gottesdienst Gottes Segen zugesprochen wird.« (EKD-Texte 101, 22/23) Der Rat und die Kirchenkonferenz stimmten dem Ergebnis dieser Ausarbeitung zu und empfahlen sie als Orientierungshilfe, um weitere Aufgaben zu lösen, u. a.

- »dass es angesichts der sich verändernden historisch-kulturellen und rechtlichen Rahmenbedingungen geboten ist, sich neu über das evangelische Verständnis von Ehe und Eheschließung zu vergewissern, ...

- dass auf die gegebene Vielfalt der Formen des Zusammenlebens liturgisch so zu reagieren ist,
- dass für Paare, denen die römisch-katholische Kirche eine kirchliche Eheschließung ohne Anbindung an die Zivilehe anbietet, auf evangelischer Seite geeignete gottesdienstliche Formen zu entwickeln und zu erproben sind.« (ebda. 24)

5. Theologische Orientierung

Angesichts der Vielfalt biblischer Bilder und der historischen Bedingtheit des familialen Zusammenlebens bleibt entscheidend, wie Kirche und Theologie die Bibel auslegen und damit Orientierung geben. Ein normatives Verständnis der Ehe als »göttliche Stiftung« und eine Herleitung der traditionellen Geschlechterrollen aus der Schöpfungsordnung entspricht nicht der Breite des biblischen Zeugnisses. Wohl aber kommt bereits in der Schöpfungsgeschichte zum Ausdruck, dass Menschen auf ein Gegenüber angewiesen sind, an dem sich die eigene Identität entwickelt. In diesem Sinne ist die Ehe eine gute Gabe Gottes, die aber, wie das Neue Testament zeigt, nicht als einzige Lebensform gelten kann. Die den Kindern Gottes zugesagte gleiche Würde jeder und jedes Einzelnen jenseits von Geschlecht und Herkommen und die erfahrbare Gemeinschaft in Christus in all ihrer Unterschiedlichkeit fordert die vorfindlichen Ordnungen immer neu heraus. Deswegen versteht die Reformation die Ehe als »weltlich Ding«; sie ist kein Sakrament, sondern eine Gemeinschaft, die unter dem Segen Gottes steht. Ihre Aufgabe besteht in der Bewahrung und Weitergabe des Lebens in den vielfältigen Formen der Sorge für andere über die Generationen hinweg. Die kirchlichen Segenshandlungen sind ein Zeichen für liebevolle Zuwendung, für Kontinuität und immer neue Aufbrüche im Bund Gottes mit seinem Volk und damit eine Ermutigung, in allen Veränderungen einen gemeinsamen Weg zu wagen. Angesichts von Brüchen und Versagen sind sie zugleich Ausdruck der Rechtfertigung des Menschen allein aus Gnade. Protestantische Theologie unterstützt das Leitbild der an Gerechtigkeit orientierten Familie, die in verlässlicher und verbindlicher Partnerschaft verantwortlich gelebt wird.

(38) »Gott schuf den Menschen zu seinem Bilde, zum Bilde Gottes schuf er ihn; und er schuf sie als Mann und Frau.« Mit diesen Worten aus dem ersten Schöpfungsbericht beginnt die Textzusammenstellung, die evangelischen und katholischen Christen hierzulande aus der **Trauliturgie** vertraut ist. Am Ende steht dann das bekannte Jesuswort aus Matth 19,6: »Was nun Gott zusammengefügt hat, das soll der Mensch nicht scheiden«: Mit der Agende erinnert die Kirche in jedem Traugottesdienst an das große Glück, einen Partner oder eine Partnerin fürs Leben zu finden und gemeinsam eine Familie zu gründen, und an die Bedeutung von Treue, Geduld und Vergebungsbereitschaft für die Liebe. Füreinander geschaffen zu sein und »auf ewig« zueinander zu gehören, das entspricht dem Lebensgefühl der Paare bei ihrer Hochzeit; gegen alle Erfahrung zerbrechender Beziehungen, von Kinderlosigkeit und Auseinanderleben sind die Worte der Trauagende wie ein Schutzwall für Treue und Beständigkeit. Der »kirchliche Segen«, den die Paare und ihre Familien erbitten, soll die Liebe stark machen. Dabei wird ernst genommen, dass es in der Ehe keine Garantie für menschliches Glück gibt, vielmehr gilt das Trauversprechen gerade »in guten wie in bösen Tagen«. Denn »es ist nicht gut, dass der Mensch allein sei«. Über der inneren Zustimmung zu dieser Erfahrung kann in den Hintergrund treten, was uns heute in

diesen Texten fremd ist, etwa dass das Schöpfungsgeschehen vom Mann her gedacht ist, die Frau als »Gefährtin« des Mannes verstanden wird, als »Hilfe, die ihm gleich sei« – oder dass das Paar einander, vor allem aber die Frauen ihren Ehemännern »untertan sein sollen«, weil »der Mann des Weibes Haupt« sei (Eph 5).

(39) Diese Worte von der **»Stiftung und Ordnung des Ehestandes«**, wie es in älteren Agenden hieß, haben das Bild der christlichen Ehe und darüber hinaus die gesellschaftlichen Normvorstellungen entscheidend geprägt. Nicht erst seitdem das Zerrüttungsprinzip im Ehe- und Familienrecht eingeführt wurde, haben Generationen von Paaren sich aus Anlass ihrer kirchlichen Trauung mit der Frage auseinandergesetzt, ob sie einander tatsächlich Treue für ein ganzes Leben versprechen könnten – »bis dass der Tod euch scheidet«: Umgekehrt hat sich auch die evangelische Kirche lange schwergetan, wieder verheiratete Geschiedene zu trauen. Die enge Verbindung von Ehe und Familie, wie sie auch die Auslegung des Grundgesetzes lange Zeit leitete, wird in der Trauagende biblisch begründet.

(40) Dabei konnte leicht übersehen werden, dass die Bibel im Alten und Neuen Testament **das familiale Zusammenleben in einer großen Vielfalt** beschreibt: Nach heutigen Begriffen gibt es Patchwork-Konstellationen wie bei Abraham, Sarah und Hagar mit ihren Kindern, zusammenlebende Geschwister wie bei Maria und Martha und tragende Beziehungen zwischen Familienmitgliedern verschiedener Generationen wie bei Rut, Orpa und Noomi. Von den vielfältig beschriebenen Formen des Zusammenlebens sind aus heutiger Sicht einige leichter, andere schwerer nachvollziehbar: Die gleichzeitige

Sorge eines Mannes für zwei Frauen und ihre Kinder wie bei Jakob mit Lea und Rahel erscheint heute vielleicht weniger befremdlich als noch unserer Eltern- oder Großeltern-Generation, dagegen können wir den Druck auf Frauen, Mutter eines »Stammhalters« zu werden, immer weniger nachvollziehen. Dass im alten Israel mit der Heirat ein patriarchales Eigentumsverhältnis konstitutiert wurde, wobei mehrere Frauen Eigentum eines Mannes sein konnten, gehört zu den vergessenen Teilen der jüdisch-christlichen Geschichte; manches davon kehrt wieder in den Auseinandersetzungen mit anderen Kulturen und Religionen. Klar ist jedenfalls: Im Mittelpunkt der biblischen Familiengeschichten steht weniger die persönliche Liebesbeziehung oder das individuelle Glück als der Erhalt und das Wachstum der Familie und ihres Besitzes und das Miteinander der Generationen.

(41) Dabei beschreiben die biblischen Erzählungen nicht selten Probleme und Spannungsfelder, die auch uns vertraut sind: Konflikte zwischen Alten und Jungen, Streit zwischen Geschwistern, das Ringen um einen geliebten Menschen. In den Erzählungen finden wir die ganze Vielfalt der Gefühle des partnerschaftlichen und familiären Beziehungslebens: Erfahrungen von Verlust, Eifersucht und Scheitern stehen neben Versöhnung, überschäumendem Glück und tief gewachsenem Vertrauen. Die Bibel erzählt von der Freude über die gefundene Liebe wie bei Isaak und Rebekka und von der großen Liebe zwischen Jakob und Rahel, für die Jakob sieben Jahre bei seinem Verwandten Laban arbeitete – »und es kam ihm vor, als wären es einzelne Tage, so lieb hatte er sie«. Das »Hohelied« feiert in poetischen Worten die Schönheit und das Glück der sexuellen Begegnung, während die Geschichte von David und Bathseba auch Ehebruch und Intrige beim

Namen nennt. Die Bibel erzählt von der Kindersegnung Jesu und der Sorge von Eltern, die sich bei Jesus um eine Zukunft für ihre kranken Kinder einsetzen, aber auch von der Macht der Väter und dem Gehorsam, den Familien den Frauen wie den Söhnen und Töchtern abverlangten. Wer sie liest, entdeckt große Familien- und Liebesgeschichten, die nicht nur die Weltliteratur, sondern auch unser Verständnis vom Miteinander in Familien prägten. Sie zeugen aber auch von kulturellen Traditionen, gesellschaftlichen Zwängen und einem überholten Rollenverständnis.

(42) Angesichts der Vielfalt biblischer Bilder und der **historischen Bedingtheit des familiären Zusammenlebens**, bleibt entscheidend, wie Kirche und Theologie die Bibel auslegen und welche Orientierung sie damit geben. Über lange Zeit hat die Kirche (nicht nur mit ihren Trauagenden) eine Vorstellung der Ehe als Schöpfungsordnung vermittelt, die der Natur des Menschen eingeschrieben sei. Damit begründete man auch die über lange historische Zeiträume geltende Geschlechter-Hierarchie, die sich in den biblischen Schöpfungsberichten spiegelt. Entsprechend prägte die Vorstellung des Familienvaters als Oberhaupt der Familie auch die Rechtssetzung. Einige biblische Texte übertragen die Gottesbeziehung zu seinem Volk, die Macht des Gottvaters gegenüber seiner Schöpfung oder das Verhältnis von Christus zur Kirche auf die Beziehung zwischen Mann und Frau. Die Dominanz des Mannes, die sich darin abbildet, erschien lange selbstverständlich. Das Besondere an diesen Texten ist aber, dass sie von einer großen, geradezu eifersüchtigen Liebe erzählen, wie die Propheten es tun, und – wie die Pastoralbriefe – die fürsorgliche Zuwendung zu Frauen und Kindern in den Mittelpunkt rücken.

(43) Auch für die Reformatoren war **Ehe und Familie vor allem durch die göttliche Liebe geprägt**. Für sie war die Ehe aber auch eine soziale Gemeinschaft, die in der größeren Gemeinschaft der Gläubigen aufgeht und von ihr getragen wird. Dabei wurde beiden Geschlechtern eine je eigene Bedeutung zugewiesen: Mit der von Luther geprägten Vorstellung vom Beruf als innerweltlichem Gottesdienst wurde auch die Mutterschaft neu interpretiert: Die Rolle der Hausfrau, Mutter und Gattin als Mittelpunkt der Familie wurde für Jahrhunderte prägend und spiegelt sich bis heute in den Konzepten von Familien- und Sozialpolitik. Mit dieser Vorstellung von Mutterschaft als Beruf ging nicht nur die Aufteilung von Geschlechterrollen, sondern auch die Erfindung von Kindheit als eigenständiger Lebensphase einher. Sie hat sich seit dem 18. Jahrhundert immer deutlicher entwickelt und wurde mit dem spezifisch weiblichen Erziehungsauftrag verknüpft, hinter dem die Überzeugung von einer besonderen Qualität der »Mutterliebe« stand, die bis heute eine große Rolle spielt. Dabei wird die »natürliche« Bindung der Mütter an ihre Kinder ebenso hervorgehoben wie die besondere Begabung von Frauen zu Erziehung und Pflege. Vor diesem Hintergrund entstand das **Ideal der bürgerlichen Familie als Raum der Liebe und Fürsorge**, dessen hierarchische Geschlechterordnung allerdings spätestens mit den Emanzipationsbewegungen des 19. Jahrhunderts erheblich in die Kritik geriet. Angesichts starrer Geschlechterrollen und Moralkonzepte fehlte es vor allem Frauen an eigenen Entfaltungsmöglichkeiten. Heute wissen wir: Ein Verständnis der bürgerlichen Ehe als »göttliche Stiftung« und der vorfindlichen Geschlechter-Hierarchie als Schöpfungsordnung entspricht weder der Breite biblischer Tradition noch dem befreienden Handeln Jesu, wie es die Evangelien zeigen.

(44) In den Texten des Neues Testaments wird deutlich: Das **Miteinander in Ehe und Familie** ist wichtig, ist aber **nicht die einzig mögliche Lebensform**. Das Leben Jesu selbst ist voller eindrücklicher Beispiele für diese Überzeugung: Im Licht der baldigen Erwartung des künftigen Gottesreiches entscheidet er sich für ein eheloses Leben und ruft seine Jüngerinnen und Jünger auf, ihre Familien zurückzulassen, um mit ihm zu gehen (u. a. Mk 1,19). In dieses Bild passt auch die schroffe Zurückweisung, mit der Jesus seinen Eltern schon als Junge im Tempel (Lk 2,48-50), dann später noch einmal seiner Mutter und den eigenen Brüdern begegnet (Lk 8,19-21). Auch wenn es den Erwartungen eines exklusiven Verhältnisses von Eltern und Kindern, Geschwistern und Familien widerspricht, lässt sich daran ablesen, dass wir jenseits der engeren ehelichen und familiären Beziehungen in einer größeren Gemeinschaft, der Gemeinschaft in Gott, leben. Diese Überschreitungen familiärer Exklusivität gewinnen in der Geschichte der Kirche immer wieder neu Gestalt: in der Geschwisterlichkeit von Gemeinden, der Familiaritas von Klöstern, dem Aufbau ganz neuer Lebensgemeinschaften oder dem Patenamt, das keinesfalls nur nach dem Tod der Eltern Bedeutung gewann, wie viele meinen, sondern den biologischen Eltern eine soziale und geistliche Elternschaft zur Seite stellte, um Kinder in die Familie Gottes einzuführen.

(45) Dieser **Zugehörigkeit zur Familie Gottes und der Nachfolge Jesu gebührt im Neuen Testament letztlich der Vorrang**. Auch der Apostel Paulus will dieser Vorstellung mit seinem eigenen ehelosen Leben Ausdruck verleihen. Vor allem aber unterstützt er sie durch die Botschaften seiner Briefe: Im Bewusstsein ihrer Zugehörigkeit zu Gott, von ihrer Gotteskindschaft her, sollen Menschen das Leben ge-

stalten (Röm 8,14ff.). Und in der Gemeinde wird diskutiert, ob Frauen oder Männer, die Christen geworden sind, ihre heidnischen Ehepartner besser verlassen. Dagegen allerdings spricht Paulus sich aus, weil Christen auch ihre heidnischen Partner »heiligen« können. Gegen die Vorstellung von einem asketischen Leben als christlichem Ideal, das vor allem das klösterliche Leben und die Schriften der Kirchenväter prägte, setzte sich in der jungen Kirche recht schnell wieder das Leben in Familienverbünden als vorwiegende Lebensform christlicher Gemeinschaften durch (1. Tim 3,2ff.). Gleichwohl blieb im Bewusstsein, dass Reden und Handeln auf eine letzte Wirklichkeit Gottes verweisen, die über das »Heiraten« und »Verheiratet-Werden« hinaus geht, und dass wir vor Gott weder auf unser Mann- oder Frausein noch auf unsere soziale Stellung festgelegt sind. Mit der Entdeckung der Rechtfertigung und Gleichheit aller »Kinder Gottes« (Gal 3,26-28) gewannen Christinnen und Christen die Freiheit, die Schicksalhaftigkeit familiärer und sozialer Bindungen aufzulösen, den eigenen Lebensentwurf zu gestalten, der eigenen Berufung zu folgen und sich aus eigener Entscheidung in neue Bindungen zu stellen. So festigt Jesus selbst noch in seinem Sterben jenseits der bestehenden familiären Bindungen eine neue fürsorgliche Beziehung – zwischen seinem »Lieblingsjünger« und seiner Mutter Maria: »Mutter, das ist dein Sohn.«

(46) Menschsein gestaltet sich von Anfang an bis zum Ende in Beziehungen, wir werden am Du erst zum Ich und bleiben aufeinander angewiesen. Freiheit und verantwortliche Bindung als Gegensatz zu verstehen wäre deshalb völlig verfehlt. So ruft Jesus zwar Männer und Frauen aus ihren familiären Beziehungen in die Nachfolgegemeinschaft, betont aber zugleich mit dem Scheidungsverbot die Verantwortung der

Ehepartner füreinander – vor allem wohl die der Ehemänner für ihre Frauen, die auf männlichen Schutz angewiesen waren, da sie keine eigenen Rechte hatten. Eine solche ökonomische Abhängigkeit und Schutzlosigkeit erleben Frauen in den westlichen Gesellschaften nicht mehr; nur an der Situation von Kindern während einer Scheidung kann noch etwas davon spürbar werden. Im Streit um Unterhaltspflichten und elterliche Sorge zeigt sich die prekäre Situation von Kindern und Jugendlichen, die noch nicht auf eigenen Füßen stehen und deshalb Zuwendung und Stabilität brauchen. **Das Scheidungsverbot Jesu erinnert die Paare und Eltern an ihre Verantwortlichkeit und macht Kirche und Gesellschaft deutlich, dass Verlässlichkeit und Treue für jede Gemeinschaft konstitutiv sind**, weil sie die Schwächeren schützen und damit erst den Spielraum für Freiheit und Entwicklung eröffnen.

(47) Auch die Texte der Schöpfungsgeschichte erzählen davon, dass jeder Mensch Familie hat und somit – nach Gottes Willen – in eine gemeinschaftliche Lebensgestalt hineingeboren wird. Zugleich erinnern sie daran, dass der Mensch auf ein Gegenüber angewiesen ist, wie es in neueren Übersetzungen heißt, auf »eine Hilfe, die ihm gleich sei«, einen Menschen auf Augenhöhe, der spannungsreich anders, aber doch ebenbürtig ist. Im Glück sexueller Begegnung »erkennen« Menschen im Partner oder der Partnerin den anderen wie sich selbst, in der körperlichen Hingabe erleben wir ganz unmittelbar Verschmelzung und Angewiesensein; der andere ist »Fleisch von meinem Fleisch«, wie es im Schöpfungsbericht heißt. **Das Angewiesensein auf andere macht uns also gerade nicht unfrei, sondern setzt erst viel von dem frei, was unsere Person ausmacht.** Dazu gehört das Hineinwachsen in eine Familie und die Auseinandersetzung mit ihren

kulturellen und religiösen Traditionen, aber auch die Liebe zu einem Menschen als dem ganz anderen, in dem wir die Gottesebenbildlichkeit entdecken. Erst in der Auseinandersetzung mit Eltern und Geschwistern und in der Erfahrung der Differenz zu einem Partner oder einer Partnerin finden wir unsere eigene Identität, erst in der Erfahrung der eigenen Unvollkommenheit und Angewiesenheit reifen wir zu erwachsenen Menschen. Dazu gehört auch die Offenheit für ein neues Leben und die Bereitschaft, Verantwortung für die Zukunft zu übernehmen. Die ersten Geschichten der Bibel stellen diesen immer auch gefährdeten Weg eines Paares, einer Familie unter den Schöpfungssegen Gottes und unter seinen Schutz. Das gilt auch nach dem so genannten »Sündenfall«, den wechselseitigen Vorwürfen und Schuldzuweisungen, den Erfahrungen von Scham, Schmerz und Trennung, die auch die engste Gemeinschaft zu zerreißen drohen.

(48) Bei aller Hochschätzung als »göttlich Werk und Gebot« **erklärte Martin Luther die Ehe zum »weltlich Ding«, das von den Partnern gestaltbar ist und gestaltet werden muss**. Dies kam liturgisch darin zum Ausdruck, dass nach Luthers Traubüchlein die Eheschließung vor der Kirchentür vollzogen wurde, sodass der anschließende Gottesdienst nicht mit dem Brautpaar, sondern mit dem Ehepaar gefeiert wurde. Die Ehe ist also für die evangelische Kirche kein Sakrament wie Taufe und Abendmahl; sie ist nicht von Jesus selbst eingesetzt und ist keine absolut gesetzte Ordnung, auch wenn wir uns ihre lebenslange Dauer wünschen. In einem Traugottesdienst feiern wir mit dem Paar, mit Freunden und Familien, dass die beiden »sich getraut«, sich den gemeinsamen Weg zugetraut und ihr Leben anvertraut haben, und bitten um Gottes Segen für diese Entscheidung und die gemeinsame Zukunft

– nicht mehr, aber auch nicht weniger. Aus diesem evangelischen Verständnis erwächst eine große Freiheit im Umgang mit gesellschaftlichen Veränderungen, die angesichts der Herausforderungen der eigenen Zeit immer wieder neu bedacht und oft auch erst errungen werden muss. Das zeigt sich im Umgang mit Scheidungen und Geschiedenen genauso wie mit Alleinerziehenden oder auch mit gleichgeschlechtlichen Paaren. Gesellschaftliche Emanzipationsprozesse haben die Ordnungen von Ehe und Familie ebenso verändert wie Geschlechterrollen, Beziehungen und Konventionen. Das geht nicht ohne Verunsicherungen und Auseinandersetzungen vor sich. Vielleicht ist auch deshalb der Wunsch, Liebe verbindlich und verantwortlich zu gestalten und den gemeinsamen Weg unter den Segen Gottes zu stellen, nach wie vor so stark.

(49) Die biblischen Texte lassen sich als eine Geschichte des Segenshandelns Gottes lesen. Beginnend mit dem Schöpfungssegen über das Zeichen des Regenbogens und die Verheißung von Zukunft nach der großen Flut bis zum Sinaibund mit Israel und weiter mit den Segenshandlungen Jesu wird Menschen immer wieder Gottes Liebe und Gnade zugesprochen, werden Neuanfänge auch in Krisensituationen ermöglicht. Dieses Segenshandeln Gottes kommt im kirchlichen Leben mehrfach zum Ausdruck: von der Taufe über Konfirmations- und Trausegen bis zur Aussegnung Verstorbener. So betrachtet, ist die Trauung ein Schritt auf einem gemeinsamen Weg – mit dem Versprechen, diesem Segens- und Versöhnungshandeln Gottes auch im menschlichen Miteinander zu entsprechen. Deshalb betont die EKD-Denkschrift von 1994, im Ja des Paares zueinander werde das Ja Gottes zum Menschen erfahrbar. Im Brennglas des besonderen Augenblicks wird deutlich: Es geht darum, auf dem gemeinsa-

men Weg für Gottes Wirklichkeit und Nähe offen zu bleiben, Veränderungsprozesse zu gestalten, Krisen zu bestehen, Neuanfänge zu wagen. Und es geht darum, **einander zu verlässlichen Bündnispartnern und zum Segen zu werden**.

(50) Die **kirchlichen Segenshandlungen** lassen sich aus evangelischer Sicht als Ausdruck der Rechtfertigung des Menschen allein aus Gnade – und eben nicht aufgrund bestimmter Leistungen – verstehen. Beim Segen geht es nicht nur um die Besiegelung des erfahrenen Glücks, sondern vielmehr und wesentlich um den **wirkmächtigen Zuspruch von Zukunft**. Segen ist das Versprechen der Begleitung und Nähe Gottes, die auch die nächste Generation und zukünftige Nachkommen mit einbezieht. Menschen können sich Liebe und Zukunft versprechen, weil sie selbst in der Erfahrung leben, von Gott gesegnet zu sein. Wird der Segen einem Paar zugesprochen, steht er als Zuspruch der bleibenden Gottesbeziehung über der Bindung dieser beiden. Dabei kann er zugleich als Zuspruch gegenüber überfordernden gesellschaftlichen Erwartungen gehört und geglaubt werden. In diesem Augenblick, in dem Gottes Wort hörbar wird und gemeinsam gebetet wird, in dem der Segen in der Handauflegung spürbar wird, kann deutlich werden, dass Gottes Zuwendung und Liebe als Kraftquelle stärker sind als menschliche Erwartungen und menschliches Versagen. Damit ist auch die Ermutigung verbunden, das gemeinsame Leben von der erfahrenen Liebe her zu gestalten und von Gottes Liebe umfangen zu lassen, was immer geschieht.

(51) Die Frage nach der **Segnung homosexueller Paare** und der Gleichstellung homosexueller Partnerschaften, die sich darin ausdrückt, bewegt die evangelische Kirche seit Langem

und ist nach wie vor umstritten. Im Kern geht es bei diesem Thema um das evangelische Verständnis der kirchlichen Trauung angesichts neuer Lebensformen. Es geht aber auch um die Frage, wie biblische Texte – zum Beispiel der Schöpfungsbericht – auszulegen sind und welche Rolle dabei die historische und gesellschaftliche Einordnung spielt. Deutet man die biblischen Aussagen, in denen Homosexualität als Sünde gekennzeichnet wird (3. Mose 18,22; 20,13; Röm 1,26-27), als zeitlos gültig, kann man zu der Meinung kommen, eine homosexuelle Partnerschaft sei mit einer heterosexuellen keinesfalls vergleichbar. Allerdings gibt es auch biblische Texte, die von zärtlichen Beziehungen zwischen Männern sprechen. Fragt man jenseits dieser einzelnen Textstellen nach dem, was menschliche Beziehung in Gottes Schöpfung ausmacht, dann ist zu konstatieren: Der Mensch wird von Anfang an als Wesen beschrieben, das zur Gemeinschaft bestimmt ist (1. Mose 2,18). Durch das biblische Zeugnis hindurch klingt als »Grundton« vor allem der Ruf nach einem verlässlichen, liebevollen und verantwortlichen Miteinander, nach einer Treue, die der Treue Gottes entspricht. Liest man die Bibel von dieser Grundüberzeugung her, dann sind gleichgeschlechtliche Partnerschaften, in denen sich Menschen zu einem verbindlichen und verantwortlichen Miteinander verpflichten, auch in theologischer Sicht als gleichwertig anzuerkennen. Nutzen homosexuelle Menschen heute die rechtliche Möglichkeit der eingetragenen Partnerschaft, dann erklären sie, wie heterosexuelle Menschen bei der Eheschließung, öffentlich ihren Willen, sich dauerhaft aneinander zu binden und füreinander Verantwortung zu tragen.

Manches heterosexuelle Paar entscheidet sich bewusst gegen Kinder oder bleibt aus anderen Gründen kinderlos und gestaltet seine Generationenbeziehungen dennoch schöpferisch und verantwortlich. Dass homosexuelle Paare gemeinsam keine Kinder zeugen können, kann deshalb kein Grund sein, ihnen den Segen zu verweigern. Tatsächlich leben viele homosexuelle Paare als Familie mit Kindern aus früheren Beziehungen oder mit Kindern, die durch eine Samenspende gezeugt wurden. **Es zählt zu den Stärken des evangelischen Menschenbilds, dass es Menschen nicht auf biologische Merkmale reduziert**, sondern ihre Identität und ihr Miteinander in vielfältiger Weise beschreibt. Hinter der Vielfalt, die wir in familiären und partnerschaftlichen Beziehungen erleben, stehen gesamtgesellschaftliche Veränderungsprozesse. Die Erleichterung von Trennungen und Scheidungen, das Entstehen von Patchworkfamilien, homosexuellen Partnerschaften mit und ohne Kinder bringen **offene Fragen** mit sich. Zu den Veränderungsprozessen, mit denen Menschen persönlich konfrontiert sind, gehören neue Aufbrüche genauso wie Konflikte. Dass Menschen in solchen Situationen um Segen und Begleitung bitten, wenn der christliche Glaube in ihrem Leben eine Rolle spielt, ist verständlich und zu begrüßen. Die Diskussionsprozesse in einigen evangelischen Landeskirchen sind Ausdruck des geistlichen Ringens um das evangelische Verständnis von Familie und Partnerschaft angesichts des gesellschaftlichen Wandels und eines erweiterten Familienbegriffs auch im Recht.

(52) Liebe gilt als die intensivste persönliche und exklusive Beziehung zwischen zwei Menschen, und sie wird gerade in einer erfüllten sexuellen und erotischen Beziehung auch so erfahren. Das kann sich mit der Rechtsgestalt von Ehe und Familie reiben – sei es, dass die Ehe die Liebe erstickt, wie es vergangene Generationen angesichts der faktischen Unmöglichkeit, sich zu trennen, erfahren haben, oder sei es, weil Lie-

besbeziehungen sich in der Rechtsordnung nur unzureichend abbilden, wie es homosexuelle Paare immer noch erleben. Die letzten Jahrzehnte haben anschaulich gezeigt, wie sich das Recht unter gesellschaftlichen Veränderungen und dem Mentalitätswandel selbst verändert. Heute erscheinen die Institutionen Ehe und Familie nicht mehr als unveränderliche Ordnung, vielmehr sind sie eine Gestalt unseres Zusammenlebens, die Verbindlichkeit und Verlässlichkeit ermöglicht. Mit der zunehmenden Individualisierung und dem Strukturwandel der Familie in den letzten Jahrzehnten wurden die Rechte von Frauen und Kindern gestärkt. Diese Entwicklung ist jedoch nicht als Bedrohung oder Zerfall der Familie zu begreifen. Vielmehr geht es darum, die partnerschaftliche Familie zum Leitbild zu erheben und Chancengleichheit und Fairness innerhalb der Familie einen entscheidenden Wert beizumessen (Gerhard 2009). Denn die Erfahrung zeigt, dass Liebesbeziehungen, die auf der wechselseitigen Anerkennung als Partner mit gleichen Rechten und Pflichten beruhen, erst jene Stabilisierung bieten, die »die Ebbe und Flut der Zuneigung aushalten können« (Kleingeld/Anderson 2008, 29). **An Gerechtigkeit orientierte Familienkonzeptionen** kritisieren ein Liebesideal, das auf »unfairen« bzw. »ungleichen Chancen für die Einzelnen« (Rawls 1979, 94 u. 555) beruht. Sie können sich dabei auf den Umgang Jesu mit rechtlosen Frauen und mit unmündigen Kindern berufen.

(53) Heute verstehen sich Menschen bei einer Eheschließung oder bei der Begründung einer Lebenspartnerschaft grundsätzlich als Gleiche, die mit dem Ehevertrag eine liebevolle und verlässliche Lebensbindung eingehen. Dabei steht das Recht nicht im Gegensatz zur Liebe, **vielmehr ist Gerechtigkeit in der Liebe enthalten**. »Liebe ohne Gerechtigkeit ist

wie ein Körper ohne Rückgrat«, schreibt Paul Tillich (1956) in einem Aufsatz über die »Moral der Liebe«. »Die Gerechtigkeit in der Liebe macht es unmöglich, dass man im Namen der Liebe die Selbstzerstörung des anderen verlangt. Gerechtigkeit schützt (vielmehr) die Unabhängigkeit derer, die in einer Liebesbeziehung stehen.« Mit der Freiheit moderner Menschen, ihr berufliches Leben unabhängig vom Herkommen zu gestalten und ihren Lebenspartner unabhängig von Konventionen zu wählen, wachsen allerdings auch die Erwartungen aneinander wie an das Gelingen des eigenen Lebens. Die Freiheit und Unabhängigkeit der Frauen und die erleichterte Möglichkeit für Paare, sich auch wieder zu trennen, kann dazu führen, dass die Partnerschaft immer wieder auf den Prüfstand gestellt wird – gerade dann, wenn die beruflichen oder familiären Lebensbedingungen sich verändern.

(54) Erwachsene haben meistens die Möglichkeit und zugleich die Pflicht, viele Entscheidungen für sich und andere zu treffen, für ihr Leben und Überleben zu sorgen. Kinder sind aber in vielerlei Hinsicht abhängig von ihren Eltern und der Familie. Ihnen auch in **Trennungen und Scheidungen** Verlässlichkeit und Heimat und in stabilen Beziehungen die nötige Freiheit zu geben, das gehört heute zu den größten Herausforderungen: Eltern, die ihre Kinder erzogen haben, müssen sie vielleicht auch noch stark unterstützen, wenn sie schon erwachsen sind. Paare sorgen sich um Pflegebedürftige in der Familie. Partner pflegen ihre erkrankten Frauen, junge Kinder kümmern sich um psychisch kranke Eltern. Für andere verantwortlich zu sein, aber auch auf andere angewiesen zu sein, kann Familienmitglieder überfordern. Aber mit wechselseitigem Vertrauen und in offen und konstruktiv ausgetragenen Konflikten können sich neue Perspektiven

öffnen. Dazu braucht es aber gute Rahmenbedingungen und Unterstützung, Rat und Hilfe von Dritten und schließlich die Erfahrung und Hoffnung, auch spannungsreiche Situationen gemeinsam durchstehen und bestehen zu können.

(55) Die Evangelische Kirche in Deutschland würdigt die **Rechtsform der Ehe** als besondere »Stütze und Hilfe«: »Sie schafft und sichert dauerhaft und folgenhaft die durch ihren Öffentlichkeitscharakter dokumentierte wechselseitige Verantwortlichkeit und Verlässlichkeit, aber auch den Schutz des Schwächeren in der Partnerschaft.« (EKD-Texte 101, 15). Menschen, die Kindern beim Aufwachsen zur Seite stehen, die kranke oder ältere Famlienmitglieder unterstützen, leisten zugleich einen wichtigen Dienst an der Gesellschaft. Familiäres Zusammenleben ist aber gefährdet, wenn wirtschaftlicher Druck, Zeitknappheit, kulturelle Normen keine Rücksicht auf diese so wichtige, oft aber auch asymmetrisch geteilte Verantwortung und Sorge füreinander nehmen. Deswegen ist es aus kirchlicher Sicht erforderlich, das fürsorgliche Miteinander von Familien zu stärken – das gilt im Blick auf Zeit für Erziehung und Pflege genauso wie im Blick auf sozialpolitische und steuerliche Aspekte der Familienförderung und die Entwicklung der rechtlichen Rahmenbedingungen. Dabei müssen heute alle Formen, Familie und Partnerschaft zu leben, berücksichtigt werden. Im Wandel der Lebensformen, der auch die Stärke von Familie ausmacht, bleiben die wechselseitigen Bindungen, die Familie konstituieren, auf gesellschaftliche und institutionelle Stützung angewiesen. Hier bieten neben Ehe und Elternschaft heute auch eingetragene Partnerschaften einen rechtlichen Anknüpfungspunkt. Wo sich Menschen in den ihre Beziehungen entscheidenden Lebenssituationen unter den Segen Gottes stellen wollen, soll-

te sich die Kirche deshalb auch aus theologischen Gründen nicht verweigern, denn »nach reformatorischem Verständnis sind die Aussagen der Bibel zum Zusammenleben der Menschen in ihrer Vielfalt zu beachten und an der Nähe zur Botschaft von der Versöhnung der Welt in Christus und der Rechtfertigung der Menschen bei Gott durch Jesus Christus zu messen«. (EKD-Texte 101, 13)

6. Herausforderungen und Brennpunkte der Familienpolitik

Familien sind sinnstiftender Lebensraum und Orte verlässlicher Sorge. In Familien werden unverzichtbare Leistungen für Wirtschaft und Gesellschaft erbracht und sozialer Zusammenhalt gestiftet. Sie stehen nach wie vor an erster Stelle, wenn Menschen in Notlagen geraten. Andererseits werden Familien auch vor neue gesellschaftliche Erwartungen und Anforderungen gestellt und fühlen sich zum Teil erheblich überfordert. Alle Familien sind deshalb darauf angewiesen, dass ihre Leistungen und ihre Bedeutung für die Gesellschaft anerkannt und unterstützt werden.

(56) Familien werden heute weniger als Rechtsgemeinschaft mit festen Rollen von Mann und Frau, Eltern und Kindern verstanden. Sie sind unterschiedlicher geworden, verändern sich, aber sie funktionieren und entwickeln ihre eigenen Stärken. Die meisten Menschen wünschen sich Familie und sehnen sich danach, in einer Familie zu leben. Studien wie die Shell-Jugendstudie zeigen, dass die Beziehungen zwischen Kindern und ihren Eltern liebevoller und wärmer geworden sind; Eltern sind oft wichtige Vorbilder, aber auch die Freundinnen und Freunde ihrer Kinder. Gleichwohl zerbrechen Familien an äußerer und innerer Überforderung; sie brauchen deshalb Zeit füreinander, gesellschaftliche Unterstützung und Hilfe in Krisensituationen. Im Folgenden sollen die wichtigsten »Brennpunkte« angesprochen werden, die Familien heute erleben und in denen sich neue

Herausforderungen und Veränderungsprozesse exemplarisch spiegeln.

6.1 Zeit füreinander – Alltag und Fest

Gemeinsame Zeit in der Familie entsteht nicht von selbst, sondern muss aktiv von den Familienmitgliedern »hergestellt« werden. Erwerbsarbeitszeit, Schule und Unterricht, Freizeit, Sport und ehrenamtliches Engagement finden in unterschiedlichen Rhythmen und zu unterschiedlichen Zeiten statt, stellen verschiedene Ansprüche an die Einzelnen und können miteinander kollidieren. Familien brauchen aber gemeinsame Zeit, um sich als zusammengehörig zu erfahren. Gemeinsame Feiern, Feste und Rituale stützen und stärken den Zusammenhalt. Unverzichtbar ist der Sonntag als gemeinsamer erwerbs-, schul- und einkaufsfreier Tag, an dem für Gottesdienst, Gemeinsamkeit und Muße Zeit ist.

(57) Wenn Menschen einander nahekommen wollen, brauchen sie Zeit. Eltern möchten Zeit haben für ihre Kinder, Kinder möchten Zeit mit ihren Eltern verbringen, Paare brauchen Zeit für erfüllte Sexualität, gemeinsame Gespräche und Erfahrungen, alle Familienmitglieder brauchen auch Zeit für sich selbst, und schließlich brauchen Familien auch Zeit für andere soziale Netzwerke, wie z.B. die Kirchengemeinde oder Vereine. **Viele Paare und Familien erleben Zeit aber heute als knappes Gut.** Angesichts der unterschiedlichen beruflichen und schulischen Herausforderungen wird »Zeit als Paar« oder »Familienzeit« zu einer Gestaltungsaufgabe, an der

alle Partner und Familienmitglieder immer wieder von Neuem beteiligt sind. Gemeinsame Mahlzeiten, freie Stunden am Wochenende, selbst Familienbesuche oder der gemeinsame Urlaub bilden ein Geländer für gemeinsame Erfahrung, müssen aber angesichts der vielfältigen Anforderungen oft langfristig geplant werden. Lebensphasen und Lebenszeiten werden unterschiedlich erfahren und gestaltet. Arbeitszeit und Familienzeiten haben einen verschiedenen Rhythmus und widersprüchliche Anforderungen. Diese unterschiedlichen Zeittakte können in der Familie konfliktträchtig aufeinanderprallen. Schließlich sind die Partner oder Familienmitglieder auch in unterschiedliche Zeitstrukturen wie Arbeitszeiten, Schul-, Behörden- und Verkehrszeiten eingebunden. Vielen Menschen sind diese Zeiten der Gemeinsamkeit als Ausgleich zu ihrem Schul- oder Berufsleben wertvoll. Auch umgekehrt wird die Zeit in sozialen, schulischen oder beruflichen Kontexten jenseits der partnerschaftlichen und familiären Beziehungen als wichtiger Teil des Lebens geschätzt: Neben der bewusst gemeinsam verbrachten Zeit gilt es auch, die Zeit für Haus- und Sorgearbeit zu berücksichtigen, die einen nicht unerheblichen Teil gemeinsam erlebter Zeit ausmacht.

(58) Zu fragen ist aber auch, **welche schulischen und beruflichen Rahmenbedingungen** nötig sind, damit Eltern und Kinder, aber auch Paare gemeinsam etwas unternehmen können. Wenn alle Familienmitglieder zu unterschiedlichen Zeiten arbeiten und lernen, bleibt keine Gemeinsamkeit. Da die Qualität des gemeinsamen Lebens eng verbunden ist mit zeitlichen Möglichkeiten und Verpflichtungen im Alltag und im Lebenslauf, braucht es verlässliche Zeiten, über die die Familie gemeinsam verfügen kann. Gerade für Kinder hat gemeinsam verbrachte Zeit eine herausragende Bedeutung:

Sie stiftet Nähe, ermöglicht gegenseitige Anteilnahme, Unterstützung und Fürsorge. Familiale Routinen (Mahlzeiten) und Rituale (Zubettbringen) spielen dabei eine besondere Rolle. Ebenso wichtig sind die beiläufigen und nicht geplanten Zeiten, in denen Familienmitglieder einfach nur zusammen an einem Ort sind, ohne gezielt etwas Gemeinsames zu unternehmen. Wichtig ist Kindern nicht unbedingt, dass sie besonders viel Zeit mit den Eltern verbringen, sondern die verlässliche Anwesenheit der Eltern, vor allem abends und am Wochenende. Kinder wünschen sich eine verlässliche und vorhersehbare Chance, mit ihren Eltern spielen und lernen zu können. Überdies melden sie Ansprüche an die Begleitung in besonderen Situationen an. Wenn, dann wünschen sie sich vor allem mehr Zeit mit ihren Vätern (Hurrelmann/Andresen 2010, 92). Bemerkenswert ist, dass es nicht in erster Linie die Kinder mit zwei erwerbstätigen Eltern sind, die mit der elterlichen Zuwendung unzufrieden sind, sondern vorrangig Kinder von arbeitslosen und nicht erwerbstätigen Eltern sowie von erwerbstätigen Alleinerziehenden (ebd.).

(59) Als fester freier Tag in der Woche eröffnet **der Sonntag vielen Familien Zeit für Gemeinschaft**, Zeit für andere Menschen, für sich selbst und im Besonderen für Gott. Wer so beschäftigt und betriebsam ist, dass er die Beziehung zu seinen Nächsten vernachlässigt und sich auch selbst nicht mehr spürt, kann kaum spirituelle Erfahrungen machen. Denn auch und gerade Religion lebt aus Treue, und Glaube bedeutet, dass wir in allem, was wir sind und tun, auf Gott bezogen bleiben. Sonntag und Gottesdienst geben Gelegenheit, das zu spüren. Anders als andere gemeinsame freie Tage ist der Sonntag auch gesellschaftlich als Tag für Gemeinschaft aus dem Alltag »ausgegrenzt« und respektiert. Der Sonntag

ist eine »andere Zeit«, so wie auch die Festzeiten des Kirchenjahres. Feste wie Weihnachten oder Ostern, die auch Familien ihren Rhythmus geben und mit Familiengeschichten verbunden werden, bieten die Möglichkeit, Leben gemeinsam zu gestalten und zu feiern und dabei zu erfahren, wie unsere Alltagswirklichkeit in der Tiefe mit einer anderen, spirituellen Dimension zusammengehört.

Genauso wichtig sind **Feste im Lebenslauf wie Hochzeitstage oder runde Geburtstage**, die Familien zusammenführen und Anlass zum Wiedersehen und Feiern geben. In einer mobilen Gesellschaft erfordern sie aber auch ein besonderes Engagement von Familienmitgliedern, damit sie gelingen. Taufen und Beerdigungen werden bei einer kleiner werdenden Verwandtschaft oft nur noch im kleinen Kreis gefeiert. Auf den Kauf von Familiengrabstellen wird zunehmend zugunsten anonymer Gräberfelder verzichtet. Damit gehen zugleich wichtige Bezugspunkte für die Familiengeschichte verloren. Familienfeste bieten die Chance, Beziehungen zu vertiefen, Veränderungen wahrzunehmen und das Leben neu zu gestalten. Freudige Ereignisse wie Taufe und Trauung oder auch Jubiläen sind immer auch mit Umbrüchen und Abschieden im Leben der Familie verbunden. Umgekehrt bedarf der Abschied eines Menschen aus dem Familienverband der gemeinsamen Erinnerung und Trauer, damit Dankbarkeit und Neuanfänge Raum gewinnen können. Christliche Gemeinden können Familien dabei unterstützen, sensibel und kreativ mit Passagen im Lebenslauf umzugehen. Immer häufiger stehen Familien vor der Aufgabe, Familienfeste mit der Verwandtschaft der getrennt lebenden Partner oder auch mit neu hinzugekommenen Familienmitgliedern zu feiern. Damit Menschen sich darin nicht allein gelassen fühlen, bedürfen sie der einfühlsamen Begleitung.

6.2 Erwerbsarbeit und Sorgetätigkeiten in der Familie

> Die Gleichzeitigkeit von Erwerbsarbeit und familiärer Sorge wird vor allem als Problem der Kinder und ihrer Mütter wahrgenommen. Erst in jüngster Zeit sind familienfreundliche Arbeitszeiten auch ein Thema für Väter. Die Zunahme der Mütter-Erwerbstätigkeit geht vor allem auf eine Zunahme von Teilzeitarbeit und prekärer Beschäftigung zurück, das Erwerbsarbeitsvolumen von Frauen hat dagegen nicht zugenommen. Gleichwohl hat das zumindest in Westdeutschland lange vorherrschende männliche Ernährermodell an Dominanz eingebüßt und ist durch vielfältige Arrangements abgelöst worden: das modernisierte Ernährermodell mit der zuverdienenden Partnerin, zwei in Vollzeit erwerbstätige Elternteile, aber auch Frauen als Familienernährerinnen, insbesondere im Falle der Alleinerziehenden. Unabhängig davon, wie viele Stunden Frauen erwerbstätig sind, obliegt ihnen in jedem Fall die Hauptlast der Haus- und Sorgearbeit. Zwar hat der technische Fortschritt die Hausarbeit zum Teil erleichtert und verändert, doch ist das Stundenvolumen gleich geblieben. Haus-, Erziehungs- und Pflegearbeit in der Familie ist vor allem durch persönliche Beziehungen geprägt und nicht gleichermaßen von bezahlten Kräften leistbar. Wo das dennoch geschieht, handelt es sich in der Regel um Schwarzarbeit oder prekäre Beschäftigungsverhältnisse, in denen Hausarbeit auf andere Frauen, meistens Migrantinnen, verlagert wird.

(60) Die **Vereinbarkeit von Familie und Erwerbsarbeit** ist in Westdeutschland seit den 1960er Jahren ein Kernpunkt familien- und sozialpolitischer Debatten und bis heute ein

nicht gelöstes Problem, weil die normativen Leitbilder und tradierten Geschlechterrollen nicht mit dem sozialen Wandel und der ökonomischen Entwicklung Schritt hielten. Insbesondere die Frage der **Erwerbstätigkeit von Müttern** stand mit der »Normalisierung« der Lebensverhältnisse nach zwei Weltkriegen und zunehmender Prosperität sowohl in der politischen Öffentlichkeit als auch in der Forschung im Zentrum ideologisch geführter Auseinandersetzungen, zumal sich westdeutsche Politik in dieser Zeit in deutlicher Abgrenzung von der in der DDR durchgesetzten Integration der Frauen in den Arbeitsmarkt und der damit notwendigen Versorgung mit Einrichtungen zur »kollektiven« Kleinkinderziehung als wertkonservative Alternative profilierte. Bis heute werden leidenschaftliche Debatten über eine mögliche Schädigung insbesondere frühkindlicher außerhäuslicher Betreuung vor dem dritten Lebensjahr geführt. Eine repäsentative Langzeitstudie liegt für Deutschland nicht vor, ein erster Schritt in diese Richtung sind die NUBBEK-Studien (2012). Der kritische Vergleich internationaler Studien zeigt, dass es insbesondere auf die Qualität der Einrichtungen (Gruppengröße, Qualifikation der Fachkräfte) sowie die Kooperation mit den Eltern ankommt. Einigkeit besteht ebenso darüber, dass Kinder aus bildungsungewohnten Familien deutlich mehr von außerhäuslicher Kindertagesbetreuung profitieren als Kinder aus bildungsnahen Familie. Ebenso unstrittig ist die große Bedeutung von Feinfühlichkeit und Responsivität der primären Beziehungspersonen, meist der Mütter (NUBBEK 2012; Rossbach 2006).

(61) Seit den 1970er Jahren steigt die **Erwerbsbeteiligung von Müttern in Westdeutschland**, wenn auch zunehmend in Teilzeit. Die Bildungsexpansion, von der insbesondere

Mädchen und Frauen profitierten, die ökonomischen Veränderungen hin zur Dienstleistungsgesellschaft und die nicht zuletzt durch eine »neue« Frauenbewegung angestoßenen kulturellen Veränderungen stellten die **traditionelle Arbeits- und Rollenteilung** in Frage. Obwohl mit der Familienrechtsreform von 1977 nun auch im Familienrecht partnerschaftliche Lebensentwürfe gelebt werden können und die »Zweiverdienerfamilie« und »aktive Vaterschaft« als neue Leitbilder gelten, stieg die Frauen- und Müttererwerbstätigkeit in Westdeutschland bis 1990 im Vergleich zu anderen westlichen Industrieländern (Skandinavien und Frankreich), erst recht aber zur DDR, nur sehr allmählich an. Der Grund hierfür waren und sind im Wesentlichen die normativen und strukturellen Rahmenbedingungen, die weiterhin die geschlechtsspezifische Arbeitsteilung stützen, wie die auf das männliche Ernährermodell zugeschnittene Sozialversicherung, das Ehegattensplitting, Diskriminierungen von Frauen auf dem Arbeitsmarkt und beim Lohn, vor allem die fehlenden Einrichtungen für die Kinderbetreuung. Große Wirkkraft entfaltet in Westdeutschland – im Gegensatz zu den Erfahrungen und der Lebenspraxis ostdeutscher Frauen – nach wie vor das typisch deutsche Leitbild der »guten Mutter«, deren Gegenbild, »die Rabenmutter«, in anderen europäischen Sprachen und Kulturen kaum verständlich zu machen ist.

(62) Seit 1990 ist die **Frauenerwerbsquote** in Gesamtdeutschland – insbesondere aufgrund des Erwerbsverhaltens ostdeutscher Frauen, das vor der Vereinigung bei 90 % lag – weiterhin gestiegen. Die Frauenerwerbsquote in Deutschland liegt heute im europäischen Vergleich über der von der Europäischen Union in ihrer Lissabon-Strategie seit 2010 geforderten Zielvorgabe von 60 %, jedoch um den Preis hoher

Teilzeitquoten (BMFSFJ 2011). Denn die Zahlen verdecken die Tatsache, dass sich hinter der höheren Erwerbsbeteiligung von Frauen ein dramatischer Anstieg von **Teilzeit- und geringfügigen bzw. prekären Beschäftigungen** verbirgt, der Umfang des Arbeitsvolumens und das damit erzielbare Einkommen aber insgesamt nicht zugenommen haben. Wegen der Lohnunterschiede zwischen Männern und Frauen, die im Durchschnitt aller Branchen in Deutschland nach wie vor 23 % (ebd.) betragen, sind diese Formen der Erwerbstätigkeiten nicht Existenz sichernd und ermöglichen weder wirtschaftliche Eigenständigkeit noch Unabhängigkeit. Darüber hinaus fördern sie systematisch die Altersarmut von Frauen, insbesondere von Müttern, da die für Kinder und/oder pflegebedürftige Angehörige aufgebrachte Zeit nach wie vor nur unzureichend als Anspruch begründend anerkannt wird.

(63) Weltweite Transformationsprozesse in Wirtschaft und Gesellschaft wie die Deregulierung und Flexibilisierung der Arbeitsverhältnisse, das Erfordernis der Mobilität und die zunehmende Prekarisierung von Erwerbsarbeit vor allem im Bereich der Dienstleistungen haben die Gesellschaft stark verändert und das in Westdeutschland **vorherrschende männliche Versorger- und Ernährermodell spätestens seit 1990 brüchig** werden lassen. Die Veränderungen in der Erwerbsarbeit haben nachhaltige Auswirkungen auf die privaten Lebensformen der Familien. Die verschiedenen Formen ungesicherter, befristeter und nicht Existenz sichernder Beschäftigungsverhältnisse beeinträchtigen die Lebens- und Familienplanung gerade auch in der **»Rush hour« des Lebens**, in der für den Beruf und die Gründung einer Familie gleichzeitig die Weichen gestellt werden müssen. An die Stelle des männlichen Ernährermodells ist daher zunehmend ein sog. modernisier-

tes Ernährermodell getreten, das durch die Zuarbeit der Frau zum Familieneinkommen gekennzeichnet ist. Inzwischen kommen nun auch **Frauen als Familienernährerinnen** in den Blick. In einem Drittel der Familienhaushalte erwirtschaften heute Mütter und Väter zu gleichen Anteilen das Familieneinkommen. Aber immer mehr Mütter bestreiten das Hauptfamilieneinkommen. Das ist zum einen die große Zahl der **Alleinerziehenden**, zum anderen handelt es sich um jene Familien, in denen Frauen überwiegend oder ganz für den Familienunterhalt aufkommen, weil ihre Ehemänner oder Partner als Arbeitslose, niedrig oder prekär Beschäftigte keinen größeren Beitrag zum Haushaltseinkommen leisten können. Schließlich haben die Arbeitsmarktreformen der letzten Jahre (Hartz-Reformen) im Einklang mit europäischen Beschäftigungsnormen die Verpflichtung aller erwerbsfähigen Haushaltsmitglieder verstärkt, zur Erwirtschaftung des Haushaltseinkommens beizutragen (das sog. adult worker model). Die Integration von Frauen in den Arbeitsmarkt ist daher längst nicht mehr nur der Forderung nach Emanzipation geschuldet, sondern hat sich für die Mehrheit der Familien zu einer ökonomischen Notwendigkeit gewandelt.

(64) Jenseits ökonomischer Zwänge orientieren sich **junge Männer und Väter** nicht mehr selbstverständlich am Leitbild des »Familienernährers«. Der »aktive Vater« ist nicht nur in vielen Werbespots präsent. Auf der Ebene der Einstellungen hat die Zustimmung zu gleichberechtigten Formen der Partnerschaft deutlich zugenommen. Rund drei Viertel (71 %) der Männer in Deutschland möchten gerne aktive Väter sein (Fthenakis/Minsel 2002, 65ff.). Allerdings sieht die praktische Umsetzung anders aus. Nur rund ein Fünftel der Männer in Deutschland praktizieren engagierte Vaterschaft (Volz/

Zulehner 2009, 69ff. und 88ff.). Damit wird Vereinbarkeit von einem Frauen- und Familienthema nur sehr allmählich auch zu einem Männerthema, denn Väter begegnen in ihrer Berufswelt ähnlichen Widerständen wie berufstätige Mütter. Hinderlich für die Vereinbarkeit und mehr Engagement in der Familie ist nicht zuletzt eine ausgeprägte »Anwesenheitskultur« in deutschen Unternehmen. Andererseits zeigen die Ergebnisse des Familien-Audit, dass Unternehmungen bzw. Verwaltungen, die mit Müttern wie Vätern flexible familienfreundliche Regelungen praktizieren, gute Erfahrungen machen: zufriedene Mitarbeitende sind bessere Mitarbeitende. **Familienfreundliche Arbeitsplätze und Arbeitszeiten** scheinen selbst in kleineren bzw. Mittelbetrieben leichter realisierbar zu sein, wenn Vorgesetzte selbst Väter sind oder waren. Hauptwünsche der Väter sind eine Reduktion und eine Flexibilisierung ihrer wöchentlichen Arbeitszeit. Auf der Wunschliste der Mütter steht hingegen eine Erhöhung der wöchentlichen Arbeitszeit.

(65) Eine **gleichberechtigte Aufteilung der Familien- und Erwerbsarbeit** wird bislang zu wenig vorgelebt, sie ist zudem in Gesellschaft, Öffentlichkeit und Erwerbsleben weder akzeptiert noch institutionalisiert. Trotz der bemerkenswerten Veränderung der Einstellungen von Männern insgesamt und Vätern im Besonderen, wird die **Versorgung und Erziehung von Kindern sowie die Alltagsarbeit** immer noch **überwiegend von Frauen** geleistet. Denn obwohl Frauen und Männer im jungen Erwachsenenalter heute im Hinblick auf ihre Ausbildung und ihre Lebenskonzepte gleiche Voraussetzungen mitbringen, wie niemals vorher, übernehmen Frauen, sobald Kinder geboren werden, den Hauptteil der Familien- und Hausarbeit und stellen ihre beruflichen Ambitionen

zumindest zeitweise zurück. Auch Paare mit anfangs partnerschaftlicher Rollenteilung geben diese im Zeitverlauf mit der Geburt von Kindern zugunsten traditioneller Formen auf. Während Frauen ihre Erwerbstätigkeit in der Regel in den ersten zwei Lebensjahren des Kindes vollständig unterbrechen und danach ihre Erwerbstätigkeit meist in Teilzeit wieder aufnehmen, dehnen Väter mit zunehmender Kinderzahl ihre Erwerbstätigkeit aus. Ausschlaggebend für die Rückkehr zur traditionellen Arbeitsteilung sind neben den fehlenden Betreuungseinrichtungen nicht zuletzt die nach wie vor unterschiedlichen Einkommen von Männern und Frauen. Zeitbudget-Studien belegen zudem, dass Frauen, selbst wenn sie ebenfalls erwerbstätig sind, sich intensiver um den Haushalt und die Betreuung der Kinder kümmern als Männer (Statistisches Bundesamt 2003). Ursache ist dabei auch die wachsende Differenz im Einkommen. Vor allem werktags sind viele der überwiegend voll erwerbstätigen Väter für ihre Kinder kaum präsent. Ein erster Schritt, die Arbeitsteilung zwischen den Partnern neu zu organisieren, ist das vom Einkommen abhängige **Elterngeld**, das auch Vätern die Möglichkeit eröffnet, sich in den ersten Monaten in die Kindererziehung einzubringen, und berufstätige Frauen ermutigt, Kinder mit ihrer Erwerbstätigkeit zu verbinden. Bezieherinnen und Beziehern von Arbeitslosengeld II kommt das Elterngeld allerdings – anders als das vorherige Erziehungsgeld – nicht zugute. Im letzten Quartal 2012 betrug der Anteil Elterngeld beziehender Väter bereits 27 %, Tendenz steigend (Statistisches Bundesamt 2012). **Doch ganz überwiegend beschränken sich Väter bislang auf die zwei zusätzlich gewährten Partnermonate.** Mit der Debatte um Elterngeld und Partnermonate sowie durch allmähliche Veränderungen im Rollenverständnis von Männern entwickelt sich zumindest eine gesellschaftliche

Verständigung darüber, dass Familie nicht mehr nur Frauensache ist, sondern beide Geschlechter gleichermaßen angeht.

(66) Seit den 1990er Jahren hat sich vor allem in einkommensstarken Haushalten ein **neuer Markt für Haushaltsdienstleistungen** etabliert, der jedoch vorwiegend als prekäre bzw. nicht versicherungsrechtlich geschützte Arbeit organisiert ist. Untersuchungen kommen zu dem Ergebnis, dass in über vier Millionen Haushalten Beschäftigungsverhältnisse mit Reinigungskräften, Pflegehilfen, Au-Pairs und Kindermädchen bestehen (vgl. Thiessen 2004, 129). Diese Tätigkeiten werden vor allem an andere Frauen, **oftmals Migrantinnen**, delegiert, die in diesem Schattenarbeitsmarkt einerseits Geld verdienen können, andererseits aber keine Chance auf gesellschaftliche Integration haben. In Haushalten, die sich keine zusätzliche Hilfe leisten können, besteht hingegen die Gefahr einer chronischen Überlastung der Mütter, insbesondere der Alleinerziehenden.

(67) **Familien- und Hausarbeit** umfasst einen ganzen Komplex von Tätigkeiten, in dem routinemäßige instrumentell-technische Tätigkeiten und Beziehungsarbeit – Erziehungs- und Pflegeleistungen sowie emotionale Zuwendung – miteinander verknüpft werden. Dies macht sie gleichermaßen anspruchsvoll wie häufig unterbewertet. Dabei übersteigt das **Stundenvolumen** der in den privaten Haushalten der Bundesrepublik Deutschland erbrachten **unbezahlten Hausarbeit** das der bezahlten Erwerbsarbeit bei Weitem (vgl. Schäfer 2004, 258). Familienarbeit ist somit ein wichtiger Bestandteil gesellschaftlich notwendiger Arbeit und zugleich die meistens unsichtbare, aber unverzichtbare Grundlage unseres gesellschaftlichen Reichtums und des allgemeinen Wohls.

Zudem ist die verlässliche Übernahme der täglich anfallenden **Hausarbeit** in Verbindung mit der **Erziehung von Kindern** oder der **Pflege und Sorge für andere eine fürsorgliche Praxis**, sie ist jedoch nicht nur Last oder Pflicht, sondern eine sinnerfüllte Tätigkeit. Sie ist »Sorge für die Welt«. Welt meint hier – im Sinne Hannah Arendts – »den unersetzlichen Zwischenraum, der zwischen dem Menschen und seinem Mitmenschen« zu gestalten ist (Arendt 1960, 7). Warum aber sollten diese Aufgaben und Erfahrungen nur einem Geschlecht vorbehalten sein?

(68) **Haus-, Erziehungs- und Pflegearbeiten** lassen sich nicht verrechnen, kaum bezahlen und nur partiell auslagern, da ihr Gelingen persönliche Beziehungen und Anteilnahme voraussetzt. Als **Sorge für andere** setzen diese Tätigkeiten eine wechselseitige persönliche Beziehung zwischen dem/derjenigen voraus, die/der Fürsorge zukommen lässt, und dem/derjenigen, der/die sie empfängt. Sorgende und fürsorgliche Tätigkeiten sind Arbeit, jedoch unterscheiden sie sich in den Anforderungen und ihrer Qualität grundlegend von industrieller Lohnarbeit. Das Ziel dieser fürsorglichen Tätigkeiten von Erziehung wie Pflege ist nicht die Herstellung eines Produkts, sondern das für andere Da-Sein und Zeit-Haben, ein Sich-Kümmern um das emotionale, mentale und physische Wohlergehen eines/r anderen, um die Reproduktion des Lebens. Es ist eine persönliche Dienstleistung, die sich an den Bedürfnissen des anderen ausrichtet, und zugleich eine soziale Praxis der Anteilnahme in den unterschiedlichsten Lebenslagen. Im Unterschied zu Erwerbsarbeit kann es dabei nicht um messbare Leistungen, die Einsparung von Zeit und Effizienzsteigerung gehen, vielmehr um die Grundbedingungen »guten Lebens«, die unentbehrlich sind für die Solidarität

innerhalb der Familien, für das gedeihliche Aufwachsen von Kindern und den gesellschaftlichen Zusammenhalt.

(69) An der vorrangigen **Zuständigkeit der Frauen für diese sorgenden und fürsorglichen Tätigkeiten** in Familie und Partnerschaften hat sich trotz der beschriebenen Veränderungsprozesse bisher wenig geändert. Doch diese Alleinzuständigkeit der Frauen verstärkt nicht nur das Problem der Geschlechterungleichheit. Angesichts der neuen Anforderungen und Zumutungen in der Arbeitswelt, vor dem Hintergrund der demographischen Entwicklung und des sozialen und kulturellen Wandels in den privaten Lebensformen können die bisher in der Familie von Frauen erbrachten Tätigkeiten nicht mehr als selbstverständliche oder »natürliche« Ressource betrachtet und vorausgesetzt werden. Die »Versorgungslücke«, das ***Care*-Defizit**, das damit entsteht, stellt für Staat und Gesellschaft eine erhebliche Gestaltungsaufgabe dar, um die Organisation alltäglicher Erwerbsarbeit und die Fürsorge für andere im Erwerbsverlauf und im Familienzyklus gerecht zu verteilen und zugleich Gesellschaft und Staat für die Schaffung der Rahmenbedingungen in die Verantwortung zu nehmen. Daran wird sich entscheiden, ob es gelingt, Frauen und Männern Mut zu Kindern zu machen.

(70) **Sorge für andere**, *Caring,* ist somit als eine menschliche Aktivität zu betrachten, »die alles einschließt, was wir tun, um unsere ›Welt‹ zu erhalten, fortzusetzen und zu reparieren, sodass wir in ihr so gut wie möglich leben können« (Tronto 2000). Diese Charakterisierung zeigt, dass sich **Fürsorglichkeit** nicht notwendig auf familiäre Zusammenhänge beschränken sollte, fürsorgliche Verantwortungszusammenhänge bestehen auch in Freundschaft, Nachbarschaft und

Vereinen; Fürsorglichkeit kann **Maßstab für eine demokratische und soziale Praxis** sein. Dennoch wird sie vorwiegend im Privatraum der Familie geübt und erfahren und kann von denen, die sorgen, sowie von denen, die Fürsorge empfangen, als Bereicherung empfunden werden. Mit symbolischer oder rhetorischer Anerkennung dieser Tätigkeiten, aber auch mit Bezahlung oder sozialpolitischer Kompensation allein ist es nicht getan, vielmehr wird es notwendig sein, fürsorgliche Praxis in Familie und Beruf zu ermöglichen und unter den Beteiligten, Männern und Frauen, gerechter zu teilen. Hierzu genügt es nicht, nur zu einer neuen Arbeitsteilung zwischen den Geschlechtern zu kommen, wesentlich ist auch, dass der Begriff von »Arbeit«, der unsere Gesellschaft prägt, in Zukunft nicht nur Erwerbsarbeit, sondern auch Sorgearbeit und bürgerschaftliches Engagement einschließt. Dabei kann sich die evangelische Kirche am reformatorischen Verständnis von Beruflichkeit orientieren, das Handwerk und Landwirtschaft, Handel wie Hausarbeit und damit bezahlte und unbezahlte Arbeit umfasst.

6.3 Erziehung und Bildung

Die gesellschaftlichen Debatten über Bildung und Erziehung haben sich in den letzten Jahren stark verändert: Galt bis vor Kurzem in Westdeutschland noch die Devise, dass Erziehung in der Familie stattfinde, der Kindergarten für ergänzende Betreuung zuständig sei und mit dem Schuleintritt der Bildungsweg beginne, so werden diese Zuordnungen heute grundlegend in Frage gestellt. Familien begegnen mehr denn je dem Anspruch, die Bildungsfähigkeit der Kinder zu verbessern, den Grundstein für qualifizierte Ausbildungen und höhere Studierquoten zu legen sowie für eine bessere Verwendbarkeit auf dem Arbeitsmarkt (»employability«) zu sorgen. Dabei ist Bildung, wie Studienabschlüsse belegen, gerade in Deutschland nach wie vor von der sozialen Herkunft abhängig. Als einer der großen Bildungsträger kann die evangelische Kirche Familien bei der Erziehung im Hinblick auf Wertorientierungen und Identitätsbildung entscheidend unterstützen und Orientierungen bieten.

(71) »**Familie ist der erste und wichtigste Bildungsort**«, heißt es in der Kundgebung zur 3. Tagung der 11. EKD-Synode (2010). Daher muss es eine zentrale Aufgabe der Gesellschaft sein, Eltern zu unterstützen und ggf. zu befähigen, diese Aufgabe kompetent wahrzunehmen. Auch die evangelische Kirche und ihre Diakonie als Trägerin zahlreicher Bildungseinrichtungen, die diese Aufgabe z. B. über die evangelische Familienbildung wahrnehmen, tragen eine Mitverantwortung für das Bildungswesen. Zu berücksichtigen ist, dass es vielen Eltern schwerfällt, dem durchaus sich selbst gestellten Auftrag verantwortlich nachzukommen. Dies gilt in besonderer Weise für Eltern, die sich ausgeschlossen fühlen und für sich selbst keine Zukunft sehen, etwa aufgrund der eigenen schwierigen wirtschaftlichen oder auch persönlichen Situation. Daher brauchen Familien in ökonomisch prekären Lebenslagen, bei Arbeitslosigkeit sowie in Krankheitsfällen eine besondere Unterstützung. Alle Eltern wollen das Beste für ihr Kind. Dieser Wunsch und Vorsatz kann jedoch schnell in den Widrigkeiten der Realität verloren gehen. Es kommt

also darauf an, die Verantwortung für den Anfang eines neuen Lebens zuversichtlich zu übernehmen und im Blick auf die eigenen Rechte des Kindes kontinuierlich zu stärken.

(72) Kinder wachsen idealerweise auf in der Erfahrung von liebevoller Begleitung und Fürsorge durch Eltern und ErzieherInnen und gleichzeitig in eigenständiger Auseinandersetzung mit der Umwelt. Aus beidem bildet das Kind seine Identität. Wesentlichste – und anspruchsvolle – Aufgabe der erziehenden Personen ist es, diese Selbstbildungsprozesse zu ermöglichen und zu unterstützen. Je nach Alter und Bedürfnissen des Kindes muss dabei die Balance von Bindung und Schutz einerseits sowie von Eigenständigkeit und Entdeckung von Welt andererseits gefunden werden – mithin im Ausgleich von Bindung und Selbstentwicklung, von Angewiesenheit und Autonomie. Hier spielen Traditionen, kulturelle Muster, aber auch strukturelle Bedingungen und Ressourcen von Familien eine wesentliche Rolle. Erziehung ist daher immer **Werte-orientiert und -orientierend**. In jeder Interaktion und elterlichen Intervention erfahren Kinder Werte und setzen sich damit auseinander. Um eine eigenständige, gefestigte Wertekompetenz entwickeln zu können, brauchen Kinder positive emotionale Erfahrungen, Grundvertrauen und Selbstwertempfinden. Wo Eltern im Gottvertrauen leben und mit ihren Kindern beten, können sie zugleich lernen, dass Menschen Alltag und Zukunft trotz offener Fragen, Unsicherheiten und Konflikte gestalten können. Das schließt die Anwendung von physischer und psychischer Gewalt als Erziehungsmittel aus sowohl in der Familie als auch in Einrichtungen, denen Kinder anvertraut sind. Je nach Alter beteiligen sich Kinder an der Aushandlung von Regeln und Ordnungen. Schließlich brauchen Kinder offene Erfahrungs-

räume, Spielmöglichkeiten und sozial und kulturell vielfältige Begegnungen, um unterschiedliche Wertorientierungen kennen zu lernen, zu erproben und eigene Werthaltungen einüben zu können. Daher ist die Beziehung zu Gleichaltrigen schon in frühem Alter wichtig. Dazu gehört das Lernen von und an jüngeren und älteren Kindern sowie die Ermöglichung von sozialem und religiösem Lernen, in dem die Unterschiede von Alter, Geschlecht, Sprache und Kultur sowie unterschiedliche Familienkonstellationen wahrgenommen werden und der Respekt voreinander eingeübt werden. Der Ansatz der Inklusion, der das gemeinsame Aufwachsen von Kindern mit und ohne Behinderungen vorsieht, muss dabei selbstverständlich werden.

(73) Eine wichtige Rolle bei der Orientierung an Werten kann die **religiöse Erziehung** übernehmen, die sowohl in der Familie – insbesondere im Generationenverhältnis in der erzählenden und erklärenden Weitergabe der biblischen Überlieferung – als auch in den kirchlichen Bildungseinrichtungen und Gemeinden übermittelt und eingeübt wird. Nach evangelischem, reformatorischem Verständnis gehören Bildung und Glauben auf das Engste zusammen, ist Bildung die Voraussetzung für religiöse Mündigkeit. Zum christlichen Glauben gehört die Fähigkeit, sich selbst und anderen Rechenschaft über diesen Glauben geben zu können; das setzt heute insbesondere Dialogfähigkeit und die Offenheit gegenüber anderen Religionen und Weltanschauungen voraus – mithin die Bereitschaft, sich angesichts bleibender Differenzen der wechselseitig kritischen Auseinandersetzung zu stellen (EKD, Kirche und Bildung, 2009, 59). Auf dem Bildungsweg und im Entwicklungsprozess von Kindern wird es in christlicher Sicht insbesondere darauf ankommen, nicht

nur funktionale und ökonomisch verwertbare Kenntnisse zu vermitteln, sondern Fähigkeiten zu wecken und zu stärken, die fürsorglichen Lebensverhältnissen dienen: einer Kultur des Mitgefühls, der Barmherzigkeit und der Hilfsbereitschaft (vgl. EKD, Maße des Menschlichen, 2003, 63).

(74) Kinder wollen lernen. Sie lernen von Erwachsenen, aber mindestens ebenso viel von anderen Kindern. Noch bis in die Mitte des vorigen Jahrhunderts geschah dies im und um das Haus, auf der Dorfstraße oder im Stadtquartier. Heute leben Familien jedoch in der Regel mit weniger Kindern und oft in einer Umgebung, die die Bedürfnisse von Kindern nicht berücksichtigt (mit gefährlichen Straßen, wenigen Überwegen und ohne Spielplätze und Raum für Fußgänger und Radfahrer). Der Ort für eigenständige Gruppenerfahrungen ist heute die **Kinderkrippe und die Kindertagesstätte**. Bei den über Dreijährigen besuchen 95 % aller Kinder eine Betreuungseinrichtung, bei den Zweijährigen ist es mehr als ein Drittel mit steigender Tendenz. Auffällig sind hier große Unterschiede je nach Region (Ost – West, Stadt – Land, vgl. Bildungsbericht 2012). Inzwischen ist unstrittig, dass der Besuch einer Kindertagesstätte und das Zusammensein mit Gleichaltrigen bzw. in jahrgangsgemischten Gruppen **der Entwicklung förderlich** sind. Dass dies auch für Jüngere, unter Dreijährige gilt, ist – vor allem in den alten Bundesländern – noch nicht in gleicher Weise akzeptiert. Studien belegen jedoch, dass auch unter dreijährige Kinder – unter der Voraussetzung qualitätsvoller Einrichtungen – von außerhäuslichen Bildungs- und Erziehungsangeboten profitieren, umso mehr, wenn sie aus bildungsbenachteiligten Familien kommen (vgl. NUBBEK 2012). Bis 2013 sollen für ein Drittel der unter Dreijährigen genügend Plätze geschaffen worden sein. Schon

dieses Ziel wird angesichts des bisherigen Ausbautempos nur mit Mühe erreicht werden; allerdings hat sich in den letzten Jahren gezeigt, dass die Nachfrage die ursprüngliche Planung bei Weitem übersteigt, und es ist damit zu rechnen, dass dieser Prozess weitergeht.

(75) Angesichts der Schwierigkeiten der in vielen Fällen finanzschwachen Kommunen, allein das quantitative Ausbauziel zu erreichen, droht die Verbesserung der **Qualität der angebotenen Bildungs- und Betreuungsplätze** zu kurz zu kommen. Die Finanzierung von Bildungsangeboten fällt bei defizitären Haushalten unter die »Schuldengrenze«, weil Investitionen in Bildung bislang viel zu wenig als Zukunftssicherung begriffen werden. Im Wissen um die vertieften Erkenntnisse über die frühkindliche Entwicklung wird deutlich, dass die Qualifikation der Fachkräfte eine wissenschaftlich fundierte Ausbildung und hohe Beziehungskompetenzen voraussetzt. Damit hat sich das berufliche **Anforderungsprofil von Erzieherinnen und Erziehern** grundlegend gewandelt. Es wird deshalb unumgänglich sein, neue Ausbildungs-, Fort- und Weiterbildungsangebote zu entwickeln, zumal in anderen europäischen Ländern ein Abschluss auf Fachhochschulniveau als Eingangsvoraussetzung erforderlich ist. Der gegenwärtige Trend, die gestiegene – mitunter auch universitäre – Ausbildungsqualität auf demselben niedrigen Entlohnungsniveau zu belassen, ist beispiellos und wäre in einem von Männern dominierten Berufsfeld undenkbar. Auf neue Herausforderungen und Mehrkosten in diesem Bereich müssen sich nicht nur kommunale, sondern auch kirchliche Träger einstellen. Das ist insbesondere dann nötig, wenn Tageseinrichtungen für Kinder zu Familienzentren weiterentwickelt werden.

(76) Die Voraussetzungen für Bildungs- und Zukunftschancen von Kindern werden ganz überwiegend im Elternhaus gelegt, sie sind abhängig von Ressourcen, kulturellen Überzeugungen und den Erziehungsstilen der Eltern. Dass Erziehung immer auch **soziale Platzierung des Nachwuchses** ist, wurde in den international vergleichenden Schulleistungstests (PISA) offenbar, wonach es dem deutschen Schulsystem nicht gelingt, die Benachteiligungen sozialer Herkunft auszugleichen. Die Problematik zeigt sich nicht zuletzt an schichtspezifischen Erziehungsstilen: Bildungsnahe Familien der Mittel- und Oberschichten tendieren zu einem Erziehungsstil, bei dem mit einem großen (manchmal auch zu großen) Engagement Kindern vielfältige Bildungsgelegenheiten ermöglicht werden. Demgegenüber zeigt der Erziehungsstil bildungsungewohnter Eltern eher ein freundliches »Mitlaufen« der Kinder im Alltag, das auf besondere erziehende oder fördernde Maßnahmen verzichtet. Eine Schlüsselrolle fällt damit der frühen Förderung zu. Gleichwohl ist festzustellen, dass in Kindertagesstätten, Schulen, aber auch im Konfirmandenunterricht, eher an den in bildungsorientierten Mittelschichten üblichen Erziehungsstil und Sprachcodes angeknüpft wird. Damit haben bildungsungewohnte Kinder bereits mit Schuleintritt schlechtere Chancen.

(77) Umso wichtiger ist es, die Bildungswege der Kinder mit den Eltern und nicht gegen sie zu gestalten. Das Instrument der **Erziehungspartnerschaft** kann ein vertrauensvolles **Zusammenwirken von Elternhaus und den Institutionen der Erziehung und Bildung** fördern, wenn beide Seiten auf gleicher Augenhöhe Mitgestaltungsmöglichkeiten haben. Praxiserfahrungen zeigen, dass das Miteinander immer dann gelingt, wenn Eltern regelmäßig und selbstverständlich in die instituti-

onellen Abläufe einbezogen werden. Auf der Basis von Vertrauensbeziehungen gelingt es auch, verunsicherte oder vernachlässigende Eltern auf Beratungs- und Unterstützungsangebote aufmerksam zu machen und sie bei der Inanspruchnahme zu unterstützen. Die gemeinsame, öffentliche und private, Verantwortung für die Erziehung, Bildung und Betreuung von Kindern ist ein wichtiger Bestandteil einer zukunftsorientierten Familienpolitik (11. Kinder- und Jugendbericht, vgl. BMFSFJ 2002).

(78) Neben dem Bildungsauftrag ist auch im Schulalltag der Aspekt der Erziehung und fürsorglichen Betreuung konzeptionell zu verankern. So haben **Schulen auch den Auftrag, sich in Absprache mit den Eltern als Erziehungseinrichtungen und nicht nur als Unterrichtsschule zu verstehen**. Dies geschieht im Blick auf die notwendige Einrichtung von Ganztagsschulen etwa durch das Angebot von Mittagstischen und verlässlichen Programmen über die Mittagszeit hinaus, durch Hausaufgabenhilfen und die Zusammenarbeit mit Vereinen und Elterninitiativen. Ein an der Herausbildung von Stärken und Fähigkeiten orientierter pädagogischer Ansatz, der sich durch eine enge und wertschätzende Kooperation mit Eltern auszeichnet und bereits in vielen evangelischen Kindertageseinrichtungen erfolgreiche Umsetzung findet, muss auch im Bereich der Schule Anwendung finden. Kirchliche Kindertagesstätten und Schulen, gemeindliche Angebote wie Kindertreffs und Konfirmandenarbeit, die kirchliche Jugend- und Freizeitarbeit stehen nicht in Konkurrenz zu Familie und Schule. Vielmehr sollten sich Kirche und Gemeinden als Partnerinnen der Familien verstehen und die Schulen in ihre Angebote einbeziehen. Denn die Erziehungs- und Bildungsaufgaben der Gegenwart beziehen sich

auf schulische wie außerschulische Bereiche. Hierbei bilden die Familie, das Zusammenleben der Generationen und das Zusammenleben mit Menschen anderer Herkunftskulturen besondere Prüfsteine zivilgesellschaftlicher Lernkultur (vgl. EKD 2003, 89).

(79) Der **Konfirmandenunterricht** ist nach wie vor ein wichtiges Handlungsfeld der Kirche, in dem in jüngerer Zeit vielfältige innovative Formen der Kooperation und der Vernetzung mit evangelischer Jugendarbeit entwickelt wurden. Konfirmandenarbeit ist ein Angebot für junge Menschen, um ihre religiöse Orientierung und »Selbstbildung« zu fördern und zur Selbstreflexion und Auseinandersetzung mit religiösen Fragen vor dem Hintergrund der eigenen Lebensgeschichte und Sinnfragen anzuregen. Sie erreicht fast alle evangelischen Jugendlichen. Gerade weil es für viele eine erste intensive Begegnung mit dem kirchlichen Christentum ist (vgl. EKD-Handreichung »Kirche und Jugend« 2010, 52), könnte dieses »Gelegenheitsfenster« aufmerksamer im Hinblick auf die Möglichkeit von intensivem Kontakt zu jugendlichen Lebenswelten wahrgenommen werden. Darüber hinaus tragen Jugendliche im Konfirmandenunterricht christliche Themen in die Familien hinein und schaffen auch hier neue Möglichkeiten der Erreichbarkeit, die gezielter als Familienthema von Kirchengemeinden genutzt werden könnten. Ebenso wichtig für die kirchliche Kinder- und Jugendarbeit sind gemeindliche **Kindergruppen, Schul- und Kindergottesdienste**, die heute in vielfältigen Formen von Projekttagen, Kinderbibelwochen bis zu Wochenendfreizeiten angeboten werden. Für viele Kinder bietet sich hier die erste Möglichkeit, biblische Geschichten und Gottesdienste kennen zu lernen und erwachsenen Christen zu begegnen,

die sie nach ihrem Glauben fragen können. Immer häufiger sind es auf diesem Hintergrund die Kinder selbst, die sich eine Taufe und die Aufnahme in die Gemeinde wünschen.

(80) **Kinder und Jugendliche mit Behinderungen** sollen gemäß der 2006 verabschiedeten UN-Behindertenrechtskonvention gemeinsam mit Kindern ohne Einschränkungen Regeleinrichtungen besuchen. Bildungseinrichtungen sollten gewährleisten, dass alle Kinder am Bildungsangebot teilnehmen können. Dazu müssen nötigenfalls Umbaumaßnahmen stattfinden, technische Hilfsmittel oder spezielles Personal eingesetzt werden. Alle Kinder und Jugendlichen sollen gleichermaßen von Bildungsangeboten profitieren. Das gemeinsame Lernen fördert das Lernen voneinander und unterstützt die Entwicklung sozialer Kompetenzen.

(81) Die Bildungsprozesse von Kindern verlangen Zeit, die sich auch unter beruflichen Anforderungen und Effizienzdruck nicht verkürzen lässt. Zugleich ist die Entwicklung von Identität und Wertkompetenzen, von Eigenständigkeit und Gemeinschaftsfähigkeit prinzipiell unabgeschlossen. Deshalb bleibt Bildung in einer Gesellschaft des langen Lebens eine **lebenslange Aufgabe** – für Eltern, Paare, Großeltern oder Paten. Evangelische Familien- und Erwachsenenbildung macht hier Angebote, aber auch die Gemeinde mit ihren verschiedenen Gruppen und Gesprächsangeboten kann ein Ort sein, wo Menschen andere Lebenswirklichkeiten und Perspektiven kennenlernen, gesellschaftliche Veränderungsprozesse diskutieren und gemeinsam Orientierung suchen. Dabei stellen sich für jede Gemeinde und Bildungsinstitution je nach regionaler Anbindung und Situation andere Herausforderungen und Aufgabenschwerpunkte. Dazu wäre es hilfreich, wenn Gemeinden

die neuen Anforderungen im Familienleben, die durch Veränderungen wie Wohnortwechsel, lebensphasentypische Krisen, aber auch durch Erfahrungen von Trennung, Scheidung oder Tod zu verkraften sind, begleiten und stützen könnten.

(82) »Durch Bildung gewinnen Menschen Lebensorientierung, klären sie ihr Selbstverständnis und werden im Glauben sprachfähig. Deshalb steht außer Frage, dass dasjenige Leben, das sich in Lehren und Lernen entfaltet, das überhaupt Gott wohlgefälligste ist (Philipp Melanchthon). Leitbild der Reformatoren ist die Gemeinde von Christinnen und Christen, die die Bibel selber lesen können und von daher ihren Glauben verstehen, in ihm urteilsfähig sind und wissen, auf welchem ›Glaubenswissen‹ im Sinne grundlegender Erzählungen, Erfahrungen, Traditionen und Bekenntnisse christlicher Glaube und christliche Geschichte beruhen. Aus der so verstandenen Freiheit traten die Reformatoren für ein öffentliches Schul- und Universitätswesen ein« (Kundgebung 11. Synode der EKD, 3. Tagung Nov. 2010). Bildung für alle und Bildungsgerechtigkeit, ein zur Zeit der Reformatoren revolutionärer Gedanke, sind heute demokratisch geboten. Als Grundsatz evangelischen Bildungsverständnisses bedeutet dies heute umso mehr, für die gleichen Zugangschancen zu jeglicher Bildung einzutreten und besonders diejenigen zu fördern, die schlechtere Startchancen haben.

6.4 Generationenbeziehungen und Fürsorglichkeit

Familien sind Übungsstätten für soziales Lernen und bilden ein Netzwerk der Unterstützung zwischen den Generationen. Sie fördern die Weitergabe von Erfahrungen und begleiten die kommenden Generationen auf ihrem Weg ins Leben. In vielen Fällen bieten sie bei Krankheit und Pflegebedürftigkeit nach wie vor Fürsorglichkeit und paktische Hilfe an. Trotz zunehmender Mobilität ist die wechselseitige familiäre Generationensolidarität, die sich auch in finanziellen Transfers von den Älteren an die Jüngeren ausdrückt, ungebrochen. Kinder schätzen ihre Eltern und Großeltern und erfahren von ihnen vielfältige Unterstützung und umgekehrt.

(83) Der demographische Wandel äußert sich nicht nur in der sinkenden Geburtenrate und einer geringeren Zahl von Kindern je Familie, auch die höhere Lebenserwartung von Männern und Frauen spielt eine Rolle. Die nachberufliche Phase dauert nicht selten 20 bis 30 Jahre, in der im Durchschnitt längere Zeit bei guter Gesundheit gelebt werden kann. **Die beiden Dimensionen des demographischen Wandels – weniger Geburten und längeres Leben** – verändern die Gestaltung und die Struktur der Familien. Heute ist es keine Seltenheit, dass vier oder gar fünf Generationen gleichzeitig leben, wenn auch nicht unter einem Dach. Andererseits wird der zeitliche Abstand zwischen den Generationen, bedingt durch das ansteigende Erstgeburtsalter der Frauen, in Zukunft größer werden. Zu bedenken ist, dass Generativität nicht nur eine Frage der Biologie und Abstammung, **Kinder zu haben vielmehr ein Segen ist**. Denn nicht alle, die sich Kinder wünschen, können auch eigene Kinder bekommen – trotz aller Angebote der Reproduktionsmedizin. Andererseits kann die ausschließliche Ausrichtung des Lebens auf ein eige-

nes Kind für das Kind selbst zum Problem werden. Deshalb kann die Bereitschaft, für andere Kinder da zu sein, **soziale Patenschaften** zu übernehmen oder Mentor/Mentorin für junge Schülerinnen und Schüler zu werden, für beide Seiten eine bereichernde Erfahrung sein.

(84) Generationenbeziehungen, insbesondere zu den eigenen Kindern und Enkeln, stellen eine wichtige Ressource für Autonomie und Lebensqualität im Alter dar und sind eine bedeutsame Stütze zur Überwindung von Lebensrisiken. Sie sind heute in der Regel durch ein **hohes Maß an Solidarität** geprägt. Obwohl sich das Familienleben in der Regel nicht mehr im gemeinsamen Wohnen abspielt, sondern wegen der räumlichen Trennung in der sog. »multilokalen Mehrgenerationenfamilie«, fühlen sich auch erwachsene Kinder und Eltern emotional eng verbunden; sie stehen häufig miteinander in Kontakt und unterstützen sich gegenseitig. Ältere Familienmitglieder unterstützen die Jüngeren sowohl durch Geld- und Sachleistungen als auch durch tätige Hilfe. Ohne die Solidarität zwischen den Generationen käme manche junge Familie in finanziellen Notsituationen, aber auch bei plötzlichen Kinderbetreuungs-Engpässen in große Schwierigkeiten.

(85) Aus dem Deutschen Alterssurveys (BMFSFJ 2010b) geht hervor, dass private **innerfamiliäre Geld- und Sachleistungen** ganz überwiegend von alt nach jung, d. h. in entgegengesetzter Richtung zu den öffentlichen Transferströmen fließen: Während rund 36 % der 70- bis 85-Jährigen ihre Kinder und Enkel mit Geld- und Sachleistungen bedenken, erhalten nur knapp über 2 % dieser älteren Generation eine finanzielle Unterstützung von ihren Familienangehörigen. Wird diesem »privaten Generationenvertrag« allerdings künftig durch Ren-

tenkürzungen die Basis entzogen, besteht die Gefahr, dass die Generationensolidarität zumindest in den unteren Einkommensschichten geschwächt wird. Umgekehrt erhalten Ältere, vor allem wenn sie hilfsbedürftig werden, vielfältige praktische Hilfen zur Bewältigung des Alltags – von Einkauf, Behördengängen, Arztbesuchen und Instandhaltung der Wohnung bis hin zur Pflege. Die Unterstützung beruht in sehr hohem Maße auf Gegenseitigkeit, und zwar bis ins hohe Alter (Im Alter neu werden können, Orientierungshilfe EKD 2009).

(86) Für die Mehrheit der Älteren ist die Großelternschaft eine Sinn gebende Altersrolle, sie verbinden damit ein hohes Maß an Wohlbefinden, Erfüllung und Zufriedenheit. Zugleich sind sie in diesen Bezügen selbst auch Lernende. Drei Viertel aller Großeltern geben an, dass ihnen diese Aufgabe persönlich sehr wichtig sei, und nahezu 80 % beschreiben ihre **Beziehung zu den Enkelkindern als eng** (BMFSFJ 2010b). Auch wenn Großeltern nicht die Hauptverantwortung für die Sozialisation der Enkelkinder tragen, leisten sie häufig Erhebliches für die kognitive und soziale Entwicklung der Kinder. Als zusätzliche Bezugspersonen kommt ihnen auch im Hinblick auf die Weitergabe des Glaubens große Bedeutung zu.

(87) **Insgesamt haben Generationenkonflikte in der Familie in den letzten Jahrzehnten eher ab- als zugenommen.** So zeigt die Shell-Jugendstudie 2010, dass sich die heutige Generation junger Menschen in ihrer Mehrzahl gut mit ihren Eltern versteht. Nur 7 % berichten von »häufigen Meinungsverschiedenheiten«, und nur eine Minderheit von 1 % hat den Kontakt völlig abgebrochen. Heute erleben Jugendliche ihre Eltern immer häufiger als Partner, nehmen deren Hilfe in Problemsituationen gern in Anspruch und ziehen deutlich

später von zu Hause aus als noch vor einigen Jahrzehnten. Eine große Mehrheit der Eltern gibt an, enge oder sehr enge Beziehungen zu ihren Kindern zu unterhalten. Nach den Befunden des Deutschen Alterssurveys (BMFSFJ 2010b) hat die Mehrzahl der Befragten mindestens wöchentlich einmal Kontakt zu ihren erwachsenen Kindern – Mütter regelmäßiger als Väter. Die Intensität der Generationenbeziehungen ist allerdings stark von den Familienkonstellationen bestimmt. Kinder, die bei einer allein erziehenden Mutter aufwachsen, haben häufig nur flüchtige Beziehungen zum Vater und eine engere Beziehung zur Mutter als in Zwei-Eltern-Konstellationen aufwachsende Kinder.

(88) Somit eröffnen insbesondere erweiterte Familien Erfahrungsräume, in denen soziales Verhalten gelernt und geübt wird. Junge wie Alte haben auf diese Weise teil an Erfahrungen, die weit über den eigenen Erlebnisraum hinausreichen. Nicht zuletzt **im Miteinander der Generationen wächst der soziale Zusammenhalt in der Gesellschaft**. Die Beziehungen der Familienmitglieder untereinander vermitteln ein Gespür für andere Lebenslagen und Bedürfnisse. Wesentlich bleibt aber auch, dass Menschen Freude daran entwickeln, kommende Generationen auf ihrem Weg ins Leben zu begleiten, die Welt mit ihnen neu zu entdecken, ihnen eigene, schöne wie schwere Erfahrungen weiterzugeben. Dass wir eben nicht für uns allein leben, sondern nach vorn und hinten in einer Lebenskette stehen, kann als spannungs- und konfliktreich erfahren werden, es kann aber auch ein tiefes Lebensvertrauen geben, das mit Gottvertrauen verbunden ist.

(89) Auf diese Hoffnung bezieht sich das Elterngebot: »Du sollst Vater und Mutter ehren, damit du lange lebest in dem

Lande, das dir der Herr, dein Gott, geben wird«, heißt es im so genannten Elterngebot der Bibel, das nicht für Kinder, sondern für erwachsene Menschen geschrieben ist. Das Gebot setzt in alttestamentlicher Zeit – in einer Gesellschaft ohne Sozialversicherungssysteme – voraus, dass die Kinder unmittelbar und direkt die Versorgung ihrer Eltern übernehmen. Wer die Elterngeneration, die ihn erzogen und geprägt hat, achten kann, kann auch Vertrauen in die eigene Zukunft haben und mit Hoffnung auf die Zeit blicken, die er selbst nicht mehr prägen und gestalten wird. **Das Generationenerbe geht über das materielle Erbe und die finanzielle Sicherung hinaus.**

(90) Wer dem Geist dieses Gebotes folgt, muss in der heutigen Gesellschaft jedoch neu fragen, was es heißt, **Generationen übergreifend Verantwortung** zu übernehmen. Dies wird Konsequenzen für die Gestaltung der Versorgungssysteme haben müssen. Der für die Sozialversicherungen, insbesondere für die Renten- und Pflegeversicherung grundlegende **Gedanke des Generationenvertrages** wird durch das immer stärkere Ungleichgewicht zwischen der größeren Zahl der älteren und geringer werdenden Zahl der jüngeren, im Erwerbsleben stehenden Generation in Frage gestellt. Denn dieser fiktive Vertrag sieht vor, dass die nachfolgende Generation mit ihrem Arbeitseinkommen und den daraus abgeleiteten Versicherungsbeiträgen jeweils für die Versorgung der vorigen aufkommt, die wiederum selbst Beiträge in die Versicherung gezahlt bzw. die Erziehungsaufgaben für die vorige Generation übernommen hat. Skeptisch wird die Zukunft des Generationenvertrags vor allem von Jugendlichen eingeschätzt, weil er ihrer Meinung nach angesichts des Strukturwandels der Erwerbsverhältnisse nicht mehr tragfähig ist (vgl.

die Shell-Jugendstudie 2010). Notwendig sind darum intensive Diskussionen über neue Wege der Gerechtigkeit und der Solidarität zwischen den Generationen. Denn bezeichnenderweise lässt die lediglich versicherungsmathematische Rechnung das in Zukunft noch viel gravierendere Problem der fehlenden Ressourcen und Zeit der Sorge für andere (einer fürsorglichen Praxis in Erziehung und Pflege) außer Acht.

6.5 Häusliche Pflege

Pflegebedürftige werden immer noch überwiegend in Familien gepflegt. Dabei übernehmen Frauen ganz überwiegend diese Aufgabe. Angesichts des knapper werdenden familiären Pflegepotenzials – nicht zuletzt aufgrund von Veränderungen in der Arbeitswelt und des gesellschaftlichen Wandels – wachsen die Herausforderungen an die Sozialsysteme, wird ein weiterer Ausbau der pflegerischen und hauswirtschaftlichen Dienstleistungen notwendig sein. Gleichzeitig ist die Verbesserung der kommunalen und nachbarschaftlichen Netze und eine Nahversorgung mit Produkten und Dienstleistungen des täglichen Lebens erforderlich, um den Verbleib in der eigenen Wohnung möglichst lange zu erhalten.

(91) Eine wichtige Ergänzung zur gesetzlichen Kranken-, Unfall-, Renten- und Arbeitslosenversicherung ist die **soziale Pflegeversicherung**, die seit 1995 als selbstständiger Zweig der Sozialversichung zur Absicherung des Risikos der Pflegebedürftigkeit gesetzlich eingeführt wurde. Zwar werden **die meisten pflegebedürftigen Menschen noch immer zu Hau-**

se fürsorglich und mit großem Zeitaufwand gepflegt. Über 60 % aller Pflegebedürftigen müssen täglich rund um die Uhr, oft über einen Zeitraum von mehreren Jahren, gepflegt werden. Familien mit pflegebedürftigen Angehörigen brauchen deshalb Unterstützung, insbesondere eine wohnortnahe Pflegeinfrastruktur. Dazu gehören mit mehr Zeitkontingenten ausgestattete mobile Pflegedienste, Kurzzeit- und Tagespflegeangebote, die bessere Vereinbarkeit von Pflege und Beruf sowie eine gute technische wie psychosoziale Beratung. Pflegende Angehörige brauchen auch Gelegenheiten, sich mit Menschen in ähnlicher Situation (Gesprächsgruppen, Selbsthilfegruppen) auszutauschen. Viele Pflegende sind selbst bereits im Rentenalter und werden durch die Pflege gesundheitlich belastet. Auch ihnen sollten Vorsorge- und Rehabilitationsleistungen durch die Krankenkassen zustehen. Insbesondere aber benötigen **pflegende Angehörige finanzielle Unterstützung**: Die Pflegekassen zahlen einerseits je nach dem Grad der Pflegebedürftigkeit (sog. Pflegestufen) Geldleistungen für die häusliche Pflege durch Familienangehörige bzw. auch selbst organisierte Personen oder ambulante Pflegedienste. Andererseits übernehmen sie Rentenversicherungsbeiträge für häusliche Pflegepersonen jedoch nur dann, wenn diese mindestens 14 Stunden wöchentlich Pflegeleistungen erbringen. Dass die Beitragshöhe von der Pflegestufe des pflegebedürftigen Menschen abhängt, ist jedoch nicht sachgerecht. Darüber hinaus ist die Übernahme von Rentenversicherungsbeiträgen auch auf die Pflege von Angehörigen mit demenzieller Erkrankung auszudehnen. Die Übernahme von Pflegeleistungen darf nicht zur Altersarmut des Pflegenden führen.

(92) Menschen in hilfsbedürftigen Situationen bedürfen eines **garantierten Mindeststandards an Pflege, gesellschaftlicher**

Teilhabe und persönlicher Zuwendung. Die individuellen Bedarfe von Pflegebedürftigen und deren Angehörigen müssen künftig in den gesetzlichen Grundlagen, aber auch in der Praxis von Einrichtungsträgern und Pflegekassen besser und verbindlicher berücksichtigt werden, um Pflegebedürftigen so lange wie möglich soziale Teilhabe und Selbstständigkeit zu gewährleisten. Ältere Menschen mit körperlichen Einschränkungen sollten trotzdem am gesellschaftlichen, am kulturellen Leben, z.B. im Rahmen eines Familienbetriebes, oder auch am beruflichen und geschäftlichen Leben sowie an freiwilligem Engagement je nach ihren Fähigkeiten teilhaben können, da dies ihre Lebensfreude stärkt (EKD, Im Alter neu werden können).

(93) Neben dem Ausbau der professionellen Pflegedienste muss zum Beispiel stärker darüber nachgedacht werden, wie **niedrigschwellig Haushaltshilfen und Dienste der sozialen Betreuung** organisiert werden können, die – gegebenenfalls mit sozial gestaffelten Zuzahlungen – allen Menschen zur Verfügung stehen. Dies könnte Familien mit pflegebedürftigen Angehörigen, berufstätige Eltern, aber auch Familien mit behinderten Kindern entlasten und vorzeitige und wesentlich teurere Einweisungen in stationäre Einrichtungen verhindern. Kirche und Diakonie als größte Anbieter von Pflegediensten haben eine besondere Verantwortung für den anstehenden Mentalitätswandel und sollten den Wert dieser sozialen Arbeit thematisieren. Bleibt es bei den bisherigen Arbeitsbedingungen, wird der Fachkräftemangel in der Pflege dramatische Ausmaße annehmen.

(94) Neben staatlichen Hilfen und verstärktem gesellschaftlichem Engagement werden **familiäre Pflegeaufgaben** auch weiterhin von großer Bedeutung sein. Denn in der Familie

werden Krankheiten auskuriert, Behinderungen mitgetragen, schwer Pflegebedürftige oft über lange Jahre intensiv gepflegt. Auch der selbstverständliche Umgang mit Einschränkungen und Behinderungen, die Anerkennung der Person jenseits ihrer Leistung und Funktion, Toleranz und wechselseitige Verantwortung können in der Familie gelernt werden. Unterschätzt wird auch die Belastung von Kindern durch psychische Krankheiten oder Suchterkrankungen in den Familien, die die Biographie oft bis ins eigene Erwachsenenleben hinein prägen. Familien können Belastungen tragen helfen, sie können aber auch krank machen. Eine falsche Idealisierung ist deshalb fehl am Platze. Wo Familien überlastet werden, brauchen sie gesellschaftliche Hilfen und therapeutische Angebote. Besonders für den Fall, dass pflegende Angehörige fehlen, in großer Entfernung leben oder zur Pflege nicht bereit sind oder wo z.B. nach Verlust des Partners Vereinsamung droht, müssen soziale Netzwerke, freiwilliges Engagement und gemeinschaftliche, betreute und stationäre Wohnformen so aufgewertet werden, dass sie auch für ärmere Bevölkerungsschichten gute Wahlmöglichkeiten bieten.

(95) **Pflege und die Sorge für andere** wird bis in die Gegenwart hinein **als eine Frauendomäne angesehen – privat wie professionell**: Etwa 70 % der pflegenden Angehörigen sind weiblich (eaf 2009). So konzentrieren sich nahezu alle Studien zur Pflege auf die Situation der pflegenden Frauen; »Männer in der Pflege« sind ein nur wenig erforschtes Gebiet. Der Anteil von Männern als Hauptpflegepersonen nimmt jedoch stetig zu und liegt gegenwärtig bei ca. 27 % (FES 2008). Allerdings sind ausschließlich die über 65-jährigen pflegenden Ehemänner für diese Steigerung verantwortlich. Angesichts der schon in den nächsten zehn Jahren zu erwartenden Zahl

der Pflegebedürftigen – Schätzungen gehen von ca. zwei Millionen häuslich zu Pflegenden aus – werden sich in Zukunft um der Geschlechtergerechtigkeit willen auch die 30- bis 65-jährigen Männer stärker als bisher an der häuslichen Angehörigenpflege wie an beruflichen Sorge- und Erziehungsaufgaben *(Care)* beteiligen müssen. Dies bedeutet für die Organisation des Arbeitslebens, dass die Vereinbarkeit von Familie und Beruf zukünftig auch für die männliche Belegschaft möglich sein muss. Die wachsenden Aufgaben, die mit diesen Herausforderungen verbunden sind, können in Zukunft nur **in einem guten Zusammenspiel von Familien und Dienstleistern, Arbeitgebern und Nachbarschaft** geleistet werden.

6.6 Gewalt in Familien

Gewalt in der Familie war bis in die 1980er Jahre tabuisiert, für sexuelle Gewalt an Kindern galt das bis in die jüngste Gegenwart. Das Ideal der Familie war geprägt vom Bild einer harmonischen, gewaltfreien Beziehung. Gewalt in der Familie ist jedoch die am meisten verbreitete Form von Gewalt und tritt als körperliche, psychische und sexuelle Gewalt oder auch als Vernachlässigung in Erscheinung. Betroffen von allen Formen sind Kinder (Jungen und Mädchen) und Frauen. Aber auch Männer erfahren Gewalt, allerdings ist deren Gefährdung außerhalb der Familie höher als bei Frauen, die Gewalt überwiegend im häuslichen Bereich erleben. Besonders problematisch sind Gewalterfahrungen von Kindern in der Familie, weil sie auf die Familie angewiesen und der Situation besonders hilflos ausgesetzt sind. Die Gefahr, dass noch Erwachsene eine solche Gewalterfahrung, die sie als Kinder nicht verlassen konnten, an die nächste Generation weitergeben, ist deshalb groß. Lange übersehen wurde, dass auch in der Pflege Gewalt erfahren wird – von Pflegebedürftigen wie von Pflegenden.

(96) Bis in die 1980er Jahre hinein wurden Familienbeziehungen kaum mit Gewalt und Vernachlässigung in Verbindung gebracht. Die Anwendung von Gewalt war **tabuisiert und als »seltene« Ausnahme** gesehen, die anscheinend nur in bestimmten Familien am Rand der Gesellschaft vorkommt. Das Idealbild der Familie war verbunden mit dem Anspruch auf Liebe und harmonische innerfamiliäre gewaltfreie Beziehungen. Durch den Anstoß der neuen formierten Frauenbewegung der 1970er Jahre wurde das Tabu der »heilen« Familie gebrochen. Erste Untersuchungen ließen das Ausmaß alltäglicher Gewalt in Familien sichtbar werden (Hagemann et al. 1981). Durch feministische Initiativen wurden erste Beratungsstellen und Frauenhäuser gegründet. Auch in der DDR war das Thema häusliche Gewalt tabuisiert, es vertrug sich nicht mit der »idealen« sozialistischen Gesellschaft. Gewalt und Vernachlässigung im sozialen Nahraum, innerhalb der Familie, haben gravierende Folgen. Sie können Gesundheit und Lebensqualität lebenslang beeinflussen. In dem 1990 veröffentlichten Bericht einer Kommission der Bundesregierung zur Untersuchung von Gewalt wurde festgestellt, **dass Gewalt in der Familie die »verbreitetste« Form von Gewalt ist** (Schwind et al. 1990, 75). Gewalt kann körperliche Gewalt, sexuelle Gewalt, sexuelle Belästigung und psychische Gewalt oder auch Vernachlässigung bedeuten. Sie betrifft im

engen sozialen Umfeld vor allem Kinder (Mädchen und Jungen) und Frauen.

(97) Eine repräsentative Studie zur Gewalt gegen Frauen aus dem Jahr 2004 zeigt, dass bisherige Schätzungen zum Ausmaß der **Gewalt in Paarbeziehungen** nach oben zu korrigieren sind. Mindestens jede vierte Frau im Alter von 16 - 85 Jahren (23 %), die in einer Partnerschaft lebt oder gelebt hat, hat ein- oder mehrmals körperliche oder – zum Teil zusätzlich – sexuelle Übergriffe durch einen Beziehungspartner erlitten. Zwei Drittel dieser häuslichen Gewalttaten beziehen sich auf mittlere bis schwere und häufige Übergriffe (BMFSFJ 2004, 2011). Deutlich wurde auch, dass **häusliche Gewalt nicht auf bestimmte soziale Schichten oder Gruppen beschränkt** ist. Allerdings lassen sich für bestimmte Gruppen oder Situationen erhöhte Risiken identifizieren. Diese sind neben wirtschaftlich nicht abgesicherten Verhältnissen vor allem Trennungs- und Scheidungssituationen sowie eine höhere berufliche Position von Frauen in der Partnerschaft ab dem Alter von 45 Jahren. Darüber hinaus sind Frauen mit Migrationshintergrund stärker von körperlicher Gewalt betroffen. Zur häuslichen Gewalt gegenüber Männern gibt es bislang keine repräsentativen Untersuchungen. Pilotstudien zeigen jedoch, dass **auch Männer in der Familie Gewalt** erfahren – vor allem psychische und vereinzelte, leichtere physische Gewalt. Männer sind jedoch am Arbeitsplatz sowie in der Freizeit höheren Gewaltrisiken ausgesetzt als in der Familie. Das 2002 in Kraft getretene Gewaltschutzgesetz versucht mit der Regelung eines »Platzverweises« und interdisziplinärer Hilfen die **Gewaltspirale in Partnerschaften zu durchbrechen.** Auch wenn festzustellen ist, dass häusliche Gewalt weitgehend aus der Tabuzone herausgekommen ist und sich

an vielen Orten »Runde Tische« gegen häusliche Gewalt gebildet haben, fliehen weiterhin jährlich ca. 45.000 Frauen in ein Frauenhaus. Daher bleiben die Bereitstellung eines differenzierten Hilfs- und Unterstützungsangebotes insbesondere auch für besondere Risikogruppen sowie kontinuierliche Aufklärungs- und Informationsarbeit weiterhin eine dringliche Aufgabe. Auch Beratungs- und Hilfsangebote für Täter und auch Täterinnen müssen ausgebaut werden. Nach wie vor fehlt eine verbindliche rechtliche Regelung der finanziellen Grundlage der Frauenhausarbeit und der Interventionsstellen gegen häusliche Gewalt.

(98) **Kinder sind in allen Fällen häuslicher Gewalt mit betroffen.** Auch Kinder, die Gewalt »nur« miterleben, zeigen dieselben Belastungen wie am eigenen Leib erlebte Gewalt (Kindler 2002). Dadurch besteht das Risiko der transgenerationellen Weitergabe von »erlernter« Partnergewalt im Erwachsenenalter. Zwar hat sich mit der Einführung des **Rechtes von Kindern auf gewaltfreie Erziehung** in Deutschland im Jahre 2000 die Einstellung insgesamt verbessert, 90 % der Eltern geben gewaltfreie Erziehung als ihr Ziel an. Gewalt in der Erziehung ist rückläufig, jedoch geht der 11. Kinder- und Jugendbericht (BMFSFJ 2002) davon aus, dass 10-15 % der Eltern ihre Kinder häufig und schwerwiegend körperlich bestrafen. Kinder mit Migrationshintergrund haben ein höheres Risiko, Gewalt in der Familie zu erleiden (Uslucan 2000).

(99) Seit fast zehn Jahren macht das Thema **Vernachlässigung von Kindern** Schlagzeilen. Gemeint ist körperliche Vernachlässigung durch Mängel in Ernährung, Pflege, Kleidung, Beaufsichtigung und gesundheitliche Fürsorge sowie eine emotional-seelische Vernachlässigung durch mangelnde Zuwendung,

Förderung oder instabile Beziehungen. Grundsätzlich gilt: Je jünger die betroffenen Kinder sind und je tiefgreifender sie vernachlässigt werden, umso größer ist das Risiko nachhaltiger Schädigung. Gerade Kinder unter drei Jahren, aber auch Kinder mit Behinderungen sind in besonderem Maße auf Schutz, Fürsorge und Förderung angewiesen; sie waren bislang zu wenig im Blickpunkt von öffentlicher Betreuung, Jugendhilfe und Gesundheitsfürsorge. Dies unterstreicht die Notwendigkeit für den weiteren Ausbau der »Frühen Hilfen«, die eine systematische Vernetzung der Gesundheitsdienste (Hebammen, Kinderärztinnen und Kinderärzte, Kinderkliniken) und Jugendhilfe (Jugendamt und freie Träger) vorsehen. Das Versagen bei der Erziehung und Betreuung von Kindern kann nicht allein den Eltern angelastet werden. Fehlende familienunterstützende sozio-ökonomische Rahmenbedingungen und prekäre Lebenslagen haben negative Auswirkungen auf gelingende Erziehung. Leider sind auch im neuen Bundeskinderschutzgesetz (seit 2012 in Kraft) keine verbindlichen Regelungen für Maßnahmen der Familienbildung – und damit der Prävention und niedrigschwelligen Hilfe – vorgesehen.

(100) Das bekannt gewordene **Ausmaß von sexueller Gewalt** in Institutionen, häufig Jahrzehnte zurückliegend, darf nicht darüber hinwegtäuschen, dass sexueller Missbrauch überwiegend in der Familie bzw. im familiären Umfeld erfolgt. Die polizeiliche Kriminalstatistik, die nur verfolgte Straftaten im Sinne des Strafgesetzbuches erfasst, nennt für die Straftat des sexuellen Missbrauchs an Kindern unter 14 Jahren 12.444 Fälle für 2011, das ist ein Anstieg von ca. 8 % gegenüber 2009. Es wird mit einem Dunkelfeld von 1:20 gerechnet. Drei Viertel der Opfer sind weiblich. Von den Tatverdächtigen waren über 96 % Männer, ein Viertel davon unter 18 Jahre alt. Dun-

kelfeldforschungen gehen davon aus, dass tatsächlich 5-10 % der Männer und 10-15 % der Frauen im Alter von 14-16 Jahren mindestens einmal sexuelle Übergriffe erlitten haben. Dabei werden Jungen häufiger von **Tätern oder Täterinnen aus dem sozialen Nahraum** (Nachbarn, Lehrern, Freunden der Familie, Trainern u.a.) und in Institutionen missbraucht, **Mädchen dagegen überwiegend im familiären Kontext**. Missbrauchte Jungen sehen sich dabei einer doppelten Mauer des Schweigens gegenüber, denn mit dem Offenlegen ihrer Verletzungen widersprechen sie dem Bild des »starken Jungen«. Die Erkenntnisse aus der Arbeit der Unabhängigen Beauftragten zur Aufarbeitung des sexuellen Kindesmissbrauchs in Abhängigkeits- und Machtverhältnissen (2011), die auf den telefonischen und schriftlichen Aussagen von mehr als 20.000 Betroffenen beruhen, bestätigen diese Ergebnisse. Über 60 % der berichteten Fälle ereigneten sich in der Familie oder im familiären Umfeld. Unter den institutionellen Fällen sexuellen Missbrauchs waren Kirchen und kirchliche Einrichtungen insgesamt mit ca. 60 % vertreten, und davon betrafen ca. 12 % die evangelische Kirche. Da sexueller Missbrauch von Kindern und Jugendlichen lebenslange physische und psychische Folgeschäden haben kann, sind Prävention und frühe Intervention von großer Bedeutung. Zu oft gehen Familienmitglieder, Erzieherinnen und Erzieher, Lehrkräfte oder auch Fachkräfte der Jugendhilfe oder der Gemeindearbeit nicht auf die Signale der Betroffenen ein, zum Teil aus Unkenntnis über den Umgang mit Verdachtsfällen. Erforderlich sind deshalb Hilfekonzepte in allen Einrichtungen, die mit Kindern und Jugendlichen arbeiten, eine regelmäßige Fortbildung aller Mitarbeiterinnen und Mitarbeiter sowie ein bedarfsgerechtes Beratungsangebot und Hilfen für Betroffene, deren Missbrauch lange zurückliegt.

(101) Auch im **Bereich der häuslichen Pflege** ist der Blick stärker auf das **noch eher tabuisierte Thema der Gewalt** zu richten. Nicht selten führen die extremen Anforderungen der häuslichen Pflege dazu, dass die Belastungsgrenzen der Pflegenden überschritten werden. Situationen der Überforderung, Verzweiflung und Aggressionen führen immer wieder auch zu gewalttätigen Auseinandersetzungen. Bis in die Gegenwart hinein ist die Gewalt gegenüber Pflegebedürftigen in Deutschland ein wissenschaftlich unzureichend erforschtes Gebiet. Erstmalig wurden Anfang der 1990er Jahre repräsentative Daten zum Dunkelfeld der Gewalt gegen ältere Menschen erhoben. Insgesamt berichteten 7 % der über 60-Jährigen von Gewalterfahrungen durch Familien- oder Haushaltsmitglieder (Kriminologisches Forschungsinstitut Niedersachsen, 1992). Im Pflegefall erhöht sich das Risiko: Ca. 15 % einer bundesweiten Befragung von Pflegebedürftigen über 60 Jahre berichten von Übergriffen durch Pflege- und Betreuungspersonen, vor allem über verschiedene Formen der Missachtung von Autonomie und Würde (13 %) und der pflegerischen Vernachlässigung (6 %) (Infas 2005, zit. in: Evangelische Frauen-/Männerarbeit EKD 2011).

(102) Andererseits **erleben auch Pflegende, dass sie von Pflegebedürftigen körperlich oder verbal angegriffen werden**. In der oben erwähnten Studie gaben zwei Drittel der 503 befragten Mitarbeiterinnen und Mitarbeiter der ambulanten Dienste an, innerhalb der letzten zwölf Monate mindestens einmal körperliche Gewalt, verbale Aggression oder sexuelle Belästigungen seitens Pflegebedürftiger erfahren zu haben. Die Grenzen zwischen Opfer und Täter sind oft fließend. Gewalthandlungen in der Pflege sind dann vermehrt zu beobachten, wenn wechselseitige Abhängigkeiten

zwischen Opfer und Täter bestehen, wenn es an Distanzierungsmöglichkeiten mangelt und soziale Isolation vorliegt und Unterstützung fehlt. Ohne eine Entlastung und Honorierung, Beratung und Begleitung der pflegenden Angehörigen wird die Gewalt in der Pflege angesichts des sich heute schon abzeichnenden Pflegebedarfs in den nächsten Jahren eher zu- als abnehmen.

(103) Durch ihre zerstörerische Kraft widerspricht Gewalt in jeglicher Form aller Lebensdienlichkeit. Gerade dort, wo es die innigsten und liebevollsten Beziehungen geben kann, liegt die Schwelle zur Gewalt besonders niedrig. Hier zeigt sich die zerstörerische Seite einer misslungenen Balance von Angewiesenheit und Autonomie. Zum ehrlichen Umgang mit eigenem Versagen gehört das Eingeständnis, dass auch die evangelische Kirche Gewalt als Erziehungsmittel bis in die jüngste Vergangenheit toleriert hat und in eigenen Einrichtungen Kinder körperlicher, seelischer und sexueller Gewalt ausgesetzt waren. Kirche und Diakonie haben sich zu dieser Schuld bekannt, Verantwortung übernommen für Hilfemaßnahmen für die Betroffenen und sich zur Umsetzung der Empfehlungen des Runden Tisches »Sexueller Kindesmissbrauch« verpflichtet. Die evangelische Kirche will den Opfern von Gewalt beistehen und sie davor schützen. Wie sinnlos und zerstörerisch Gewalt ist, zeigt sich wie in einem Prisma im Kreuzestod Jesu. Er ist **Protest gegen alle Strukturen, in denen Menschen sich als Opfer erleben oder zum Opfer gemacht werden**. Zugleich schafft die Botschaft von der Auferstehung die Gewissheit und Hoffnung, **dass Gott dieser lebenszerstörerischen Kraft nicht das letzte Wort lässt**. Wer in der Nachfolge lebt, wird sowohl im eigenen Leben wie auch in der Gesellschaft an der Überwin-

dung von Gewaltzusammenhängen arbeiten. Es gilt, Wege aus der Gewalt zu suchen, die Menschen befreien und ihnen Zukunft ermöglichen, entweder durch Trennung oder, wenn die Gewaltopfer dies wollen, auch als Paar oder als Familie. Hierzu braucht es vielfältige Unterstützung, Seelsorge und Beratung.

6.7 Migration und Familienkulturen

Migration gehört zu den Erfahrungen jeder Zeit und Generation, schon biblische Geschichten berichten davon. Entscheidend ist, wie Einheimische und Zugewanderte ihr Zusammenleben gestalten. Das Ankommen in einer neuen Gesellschaft ist ein Generationenprojekt, das Migrantenfamilien dazu herausfordert, eine neue Balance von Herkunfts-Kultur und neuen kulturellen Einflüssen zu finden, um heimisch zu werden. Herausgefordert ist auch die einheimische Gesellschaft mit ihren kulturellen und religiösen Traditionen, mit ihren Familienbildern und Erziehungsstilen. Bikulturelles Aufwachsen bietet die Chance, Rituale und Lebensdeutungen unterschiedlicher Kulturen und religiöser Lebenszusammenhänge verstehen zu können und sich – bei allen Spannungen, die auch damit verbunden sind – auf die Suche nach einer eigenen kulturellen Identität und gestalteten Religiosität zu begeben. Gerade das Zusammenleben mit anderen Religionen erinnert die säkularisierte Gesellschaft erneut an die religiöse Prägung der Lebenszusammenhänge – von den Alltagsritualen wie Tisch- und Abendgebeten bis zu Hochzeiten und Beerdigungen.

(104) Mit dem Zuzug von Arbeitsmigranten seit den 1960er Jahren sind auch andere **Familienkulturen in Deutschland** relevant geworden. Migrantenfamilien leben nicht generell – wie häufig angenommen – »traditioneller« als einheimische Familien: So haben osteuropäische, aber auch afrikanische Familien in Deutschland höhere Anteile von Alleinerziehenden als die einheimische Bevölkerung. In Deutschland fällt der Blick allerdings besonders auf die türkischen Familien, deren Anteil an den Familien mit verheirateten Elternpaaren mit knapp 92 % deutlich über dem der Einheimischen liegt (79 %) und ebenso alle anderen Einwanderergruppen übertrifft (BMFSFJ 2010c). Insgesamt gesehen, sind deutlich weniger Frauen mit Migrationshintergrund erwerbstätig als einheimische. Auch hier ist die besonders niedrige Erwerbsquote türkischer Frauen die Ursache. In fast allen anderen Einwanderergruppen sind Frauen sogar mehr als einheimische erwerbstätig. Von einem Familienleitbild aller Migrantenfamilien kann also nicht gesprochen werden. Wesentlich ist der kulturelle Hintergrund der einzelnen Migrantenfamilien. Vor die größten Herausforderungen sehen sich Familien aus ländlichen Regionen ihrer Herkunftsländer gestellt. Wo traditionell landwirtschaftliche Subsistenzgemeinschaften weitgehend ohne wohlfahrtsstaatliche und zivilrechtliche Rahmungen dominieren, sind Familien auf starken Zusammenhalt und gemeinschaftsorientierte Regel- und Austauschsysteme angewiesen. Die familiale Wohlfahrtsproduktion beruht hier auf einer generational und geschlechtlich segregierten Arbeitsteilung. Auch bei Familien, in deren Heimatland Modernisierungsprozesse zu Veränderungen führen, gewinnt die Familienbindung an ihrem neuen Lebensmittelpunkt in einem zunächst fremden Land nochmals an Bedeutung. Das gilt umso stärker, je mehr die aufnehmende Ge-

sellschaft als zurückweisend, ablehnend und diskriminierend erlebt wird.

(105) Dies erklärt, warum zum Beispiel türkische Migrantenfamilien in Deutschland einen **stärker behütenden und kontrollierenden Erziehungsstil** praktizieren als Familien in der Türkei (Uslucan 2008). Dem entspricht die Skepsis der Eltern gegenüber Autonomie stärkenden Erziehungsstilen und einer individualisierenden Haltung zu Kindern. Für Kinder können Konflikte zwischen dem Erziehungsstil in der Herkunftsfamilie und dem in öffentlichen Einrichtungen wie Schule oder Kindertagesstätte zu einem Problem werden. Sie sind auf Ermutigung zur Eigenständigkeit angewiesen, um durch Bildungsaufstieg jene Erwerbsmöglichkeiten zu erreichen, die moderne Dienstleistungs- und Wissensgesellschaften zu bieten haben. Zugleich brauchen sie aber angesichts der Erfahrungen von Alltagsrassismen den Rückhalt der Herkunftsfamilie. In Studien zu Autonomie und Verbundenheit im kulturellen Kontext zeigen sich neue Perspektiven (Kağıtçıbaşı 2005): Neben einem Familienmodell der Abhängigkeit, das für ländlich-bäuerliche Gesellschaften typisch ist, und dem Modell der Unabhängigkeit, das vor allem in westlichen Kulturen vorherrschend ist, entwickelt sich ein Familienmodell, das eine nicht-westliche Modernität impliziert. Es besteht in der Verbindung von materieller Unabhängigkeit und emotionaler Verbundenheit und entspricht insoweit den menschlichen Bedürfnissen von Autonomie und Angewiesenheit. Obwohl sich Migrantenfamilien untereinander genauso unterscheiden wie die einheimische Bevölkerung, werden häufig auftretende Probleme mit dem anderen kulturellen oder religiösen Hintergrund erklärt. Das ist in besonderer Weise bei Zuwanderern aus muslimisch geprägten Län-

dern der Fall, selbst wenn sie selbst religiös eher indifferent sind. Zahlreiche Studien zeigen jedoch, dass **die soziale Lage der Familien viel einflussreicher ist als der kulturelle und religiöse Hintergrund**. Unterstützende Maßnahmen sollten dies im Blick behalten. Noch gänzlich ungeklärt ist die **Lebenssituation von Migrant/innen ohne geregelten Aufenthaltsstatus**, die nicht selten auch mit Kindern eingewandert sind oder in Deutschland Kinder geboren haben. Wie deren Schulpflicht sowie soziale und medizinische Versorgung sichergestellt ist, wie sie die Kinderrechtskonvention der UN vorsieht, lässt die bundesdeutsche Politik derzeit ungelöst. Nicht selten sind Kirchengemeinden und diakonische Einrichtungen wichtige Anlaufstellen. Die Fachkräfte dort sowie an Schulen dürfen jedoch wegen ihres fürsorglichen Handelns nicht rechtlichen Risiken ausgesetzt werden.

(106) Je selbstverständlicher Ehen zwischen Menschen mit und ohne Migrationshintergrund werden, desto mehr wird es auch darauf ankommen, **verschiedene Kulturen und Lebensstile, aber auch verschiedene religiöse Überzeugungen nebeneinander zu respektieren**. Fühlten sich viele Familien schon in konfessionsverbindenden Ehen überfordert und oft von den Kirchen allein gelassen, wenn es um die gemeinsame Taufe oder die Eucharistie ging, so ist die Unsicherheit im Blick auf Beschneidung oder Hochzeiten religionsverschiedener Paare doppelt groß. Oft werden die eigenen religiösen Bindungen und Prägungen erst in der Begegnung mit den anderen Konfessionen und Religionen wirklich bewusst. Der häufige Versuch, die religiöse Erziehung an einen der Partner zu delegieren, kann dann kaum gelingen, wenn die religiöse Muttersprache und das gesellschaftliche Umfeld nicht übereinstimmen. Eine Säkularität aber, die die Kinder von allen

religiösen Wurzeln ihrer Familien abschneidet, enthält ihnen spirituelle Erfahrungen und Lebenskräfte vor, die gerade für die Beziehungen zu sich selbst und anderen Menschen Bedeutung haben. Bikulturelles Aufwachsen bietet die Chance, Rituale und Lebensdeutungen unterschiedlicher Kulturen und religiösen Lebenszusammenhänge verstehen und deuten zu können und sich auf die Suche nach einer eigenen, gestalteten Religiosität zu begeben. Gerade **das Zusammenleben mit anderen Religionen erinnert die säkularisierte Gesellschaft erneut an die religiöse Prägung aller wesentlichen Lebenszusammenhänge** – von den Alltagsritualen wie Tisch- und Abendgebeten bis zu Hochzeiten und Beerdigungen.

6.8 Reichtum und Armut von Familien

> Kinder zu erziehen erhöht statistisch gesehen das Armutsrisiko. Auch die sozialpolitischen Transfers können dieses Risiko nicht beseitigen, da sie die betroffenen Familien nicht zielgenau erreichen. Armut ist allerdings weit mehr als das Fehlen materieller Ressourcen. In armen Familien reduzieren sich auch die Bildungschancen der Kinder, die gesundheitliche Versorgung ist ungenügend, die sozialen Netze sind kleiner, die Angebote im Wohnquartier schlechter: Armut bedeutet geringere Teilhabe und geringere soziale Ressourcen. Insofern geht es bei der Armutsprävention nicht nur um Verteilungs-, sondern auch um Befähigungs- und Teilhabegerechtigkeit.

(107) Armut in Deutschland ist heute eine **Armut von Familien, und zwar von Familien mit Kindern**. Dieses Ergebnis

der Armutsforschung muss in einem verhältnismäßig wohlhabenden Land wie Deutschland alarmieren, insbesondere dann, wenn Kinder zu haben und mehr als ein Kind zu haben ein »Armutsrisiko« darstellt. Betroffen sind insbesondere Alleinerziehende, junge und kinderreiche Familien und Familien mit Migrationshintergrund. In Deutschland lag das Armutsrisiko 2010 bei über 18 % (BMFSFJ 2012). Die Armutsgefährdungsquote ist ein relativer Maßstab sozialer Ungleichheit, sie gibt den Prozentanteil der Bevölkerung an, der mit einem Einkommen unterhalb 60 % des Durchschnittseinkommens auskommen muss. Nach diesen Berechnungen beträgt diese Quote bei Alleinerziehenden 46 % bei den Ein-Elternfamilien mit einem Kind und 62 % mit zwei Kindern. Überdurchschnittlich oft sind auch Familien mit Migrationshintergrund sowie kinderreiche Familien von Armut bedroht. (BMFSFJ 2012: 98ff.).

(108) **Als Ursachen für die Zunahme prekärer Lebenslagen werden die Veränderungen im Beschäftigungssystem, aber auch die Senkung der Sozialleistungen genannt.** Dazu gehören in besonderer Weise anhaltende Arbeitslosigkeit, die Ausweitung des Dienstleistungssektors mit der Zunahme prekärer Beschäftigungsverhältnisse und einer steigenden Zahl von Niedriglöhnen sowie – für die Lebensplanung und Alltagsbewältigung in Familien besonders belastend – die Erwartungen an die Verfügbarkeit der Arbeitnehmerinnen und Arbeitnehmer. Dieser Abbau der sog. »Normalarbeitsverhältnisse«, die Kündigungsschutz und Berufsschutz enthielten sowie eine Lebens- und Familienplanung ermöglichten, wurde begleitet von der Rücknahme sozialstaatlicher Sicherungen. Als besondere Härte ist anzusehen, dass das Elterngeld im Gegensatz zum früheren Erziehungsgeld auf die SGB-II-

Leistungen angerechnet wird, gerade diesen Eltern also nicht zusätzlich zur Verfügung steht. Der internationale Vergleich zeigt außerdem, dass die Höhe der staatlichen Sozialausgaben nicht allein über das Ausmaß der Armut entscheidet, vielmehr ist ausschlaggebend, wie zielgerichtet sie Familien und Kindern zugute kommen.

(109) Dass insbesondere **Alleinerziehende** mit ihren Kindern unverändert hoch von Armut betroffen sind, wird seit Jahren als soziales Problem debattiert. Und doch liegen die Ursachen nicht nur in veränderten Lebensweisen, sondern in der Tatsache, dass sich Kindererziehung und volle Erwerbstätigkeit wegen fehlender Betreuungsmöglichkeiten und Ganztagsschulen nach wie vor nicht vereinbaren lassen. Hinzu kommt, dass Frauen immer noch schlechter bezahlt werden bzw. überwiegend im Niedriglohnsektor beschäftigt sind und das geringe Einkommen nicht durch ein zweites Einkommen aufgefangen werden kann. Die Kinder Alleinerziehender sind nicht nur häufiger arm, sie bleiben es auch über längere Zeiträume. Aber auch bei Familien mit mehreren Kindern ist das Einkommensgefälle durch die Aufgabe oder die Reduzierung der Erwerbstätigkeit der Mutter zugunsten der nicht bezahlten, gesellschaftlich so bedeutsamen Erziehungsleistung die Ursache für ihre Armutsgefährdung. Der Bedarf an ergänzenden Sozialleistungen sowie die Altersarmut von Müttern sind damit vorprogrammiert. Die **Einführung eines Mindestlohns** wäre gerade für Ein-Eltern-Familien häufig ein Weg aus der Armut.

(110) Die **gesellschaftlichen Differenzierungsprozesse haben auch eine (sozial-)räumliche Dimension**. In großen Städten leben heute in fünf von sechs Haushalten keine Kin-

der und Jugendlichen. Der Anteil von größeren Familienhaushalten in Städten hingegen schrumpft seit den 1970er Jahren. Unter diesen Familien überwiegen »arme Familien«, Migrantenfamilien und Alleinerziehende (vgl. BMAS 2008, 123ff.). Ein großer (und in manchen Quartieren heute schon der größte) Teil der nachwachsenden Generation in den großen Städten hat einen Migrationshintergrund und wächst unter Bedingungen sozialer Benachteiligung auf. Gleichzeitig ist die Armut auf dem Land verschämter und wird vor allem als Ausgrenzung erfahren (SI 2010).

(111) **Armut bedeutet mehr, als über geringe materielle Ressourcen zu verfügen.** Die Situation sozial benachteiligter Familien insgesamt ist durch eine Häufung sozialer Risikolagen gekennzeichnet: geringe Schul- und Berufsbildung, diskontinuierliche Erwerbsarbeit und hohe, generationsübergreifende Arbeitslosigkeit sowie die überdurchschnittliche Anzahl chronischer Erkrankungen. Zudem sind die Teilhabechancen armer Familien an Bildung allgemein und auch an der Berufs- und Weiterbildung erheblich eingeschränkt. In kaum einem anderen Land im OECD-Vergleich spielen die soziale Herkunft und der Status der Eltern für den Lernerfolg der Kinder eine so große Rolle wie in Deutschland, d. h., die Armutsrisiken dieser Familien werden quasi »vererbt«. Gerade **Kinderarmut** ist auch mehr als das Fehlen materieller Ressourcen. Es bedeutet, dass die Betroffenen nicht nur sozial benachteiligt, sondern persönlicher Entfaltungs- und Entwicklungsmöglichkeiten beraubt und im Hinblick auf Bildung, Gesundheit und Wohnsituation auf Teilhabe am kulturellen Erbe unterversorgt sind. Wenn man diese qualitativen und nicht-monetären Kriterien anlegt, ist die Zahl der benachteiligten Kinder sogar noch wesentlich höher anzusetzen.

(112) Die Daten zur höheren Armutsgefährdung von Alleinerziehenden, aber auch zu Familien mit drei und mehr Kindern zeigen, dass ein **scharfer Riss durch die Gesellschaft geht – und zwar zwischen denen, die mit Kindern leben, für sie und andere sorgen, und denen, die keine Kinder haben** und damit dem Arbeitsmarkt uneingeschränkt zur Verfügung stehen. Die Lebenssituation unterscheidet sich nicht nur im Hinblick auf die Einkommen, sondern auch im Hinblick auf die verfügbare Zeit, den Lebensstil und das Erziehungsverhalten. Der Ein- oder Zweiverdienerhaushalt ist die entscheidende Trennlinie, die Alleinerziehende und Familien mit Kindern einem Armutsrisiko aussetzt, da – nach wie vor insbesondere in (West-)Deutschland – Kinder zu haben in der Regel für Frauen zugleich die Unvereinbarkeit von Beruf und Familienpflichten bedeutet. Das gilt prinzipiell auch für die Unvereinbarkeit von häuslicher Pflege und Berufstätigkeit.

(113) **Die Bibel hat die Teilhabe von Witwen und Waisen, von Kindern und sozial abhängigen Frauen immer besonders im Blick gehabt.** Paulus kritisiert, dass die Gemeinde Abendmahl feiere, ohne Frauen und Sklaven von Beginn an einzubeziehen. Die Apostelgeschichte erzählt, dass die Benachteiligung der Witwen aus der griechischen Diaspora bei der Essensausgabe für Arme zu Protesten und Auseinandersetzungen in der Gemeinde und schließlich zur Gründung einer frühen Form von Gemeindediakonie und zur Schaffung diakonischer Ämter führte. Auf diesem Hintergrund kritisierte Johann Hinrich Wichern im 19. Jahrhundert »Hamburgs wahres und geheimes Volksleben«; er setzte sich wegweisend mit Unterernährung, Wohnungsnot, Bildungsarmut und Gewalterfahrungen der Benachteiligten auseinander und grün-

dete neue diakonische Initiativen. Auch wenn Armut und die dramatische Öffnung der Schere zwischen Arm und Reich in unserer Gesellschaft inzwischen sozialpolitisch zum Thema geworden sind, bleibt doch die Frage, welchen Beitrag speziell die Kirchen und Wohlfahrtsverbände heute zur Überwindung der gesellschaftlichen Spaltung leisten können. Wenn die benachteiligten und in Armut lebenden Familien und insbesondere ihre Kinder das Vertrauen in die Kirche nicht verlieren sollen, werden Diakonie und Gemeinden in ihren Einrichtungen und Veranstaltungen noch deutlich mehr auf diese Menschen zugehen müssen.

7. Familienpolitik als neue Form sozialer Politik

In der international vergleichenden Familienforschung und Sozialpolitik hat ein Perspektivenwechsel die besondere Bedeutung von Familien als wesentliche Faktoren allgemeiner Wohlfahrt und des gesellschaftlichen Reichtums hervorgehoben. Damit wurde einerseits offenbar, dass der westdeutsche Sozialstaat mit seinem tradierten Familienbild eine nachhaltige Familienpolitik versäumt hat, andererseits ist deutlich geworden, dass verlässliche Sorgearbeit für die vorangegangene und die nachkommende Generation einen wichtigen, bislang nicht ausreichend berücksichtigten Beitrag zum Bruttosozialprodukt leistet. Der Familie als gesellschaftlicher Institution kommt dabei für die Weitergabe des Lebens und den sozialen Zusammenhalt nach wie vor eine zentrale und unverzichtbare Rolle zu.

(114) Im europäischen Vergleich der Familienpolitiken und Trends ergibt sich der aus deutscher Perspektive erstaunliche Befund, dass die Länder mit der höchsten Frauen-, ja Mütter-Erwerbsquote zugleich die Länder mit den höchsten Geburtenraten sind (Norwegen, Schweden, Dänemark und Frankreich). Zudem wird deutlich, dass Länder, die sich im Hinblick auf die Geschlechterverhältnisse verhältnismäßig spät modernisiert haben, zum Beispiel Griechenland, Spanien, Italien und Deutschland, heute in Europa über die niedrigsten Geburtenraten verfügen. Deshalb ist die immer

wieder vorgebrachte Behauptung, die Gleichstellung der Geschlechter sei ursächlich für die Krise der Familienbeziehungen, nicht aufrechtzuerhalten. Das Gegenteil ist der Fall: Nicht die Gleichberechtigung der Partner und Modernität, sondern **die Aufrechterhaltung geschlechtsspezifischer Ungleichheiten in Bildung, Beruf und häuslicher Aufgabenteilung und späte Familiengründungen sind heute ein wesentlicher Grund für niedrige Geburtenraten**.

(115) Der europäische Integrationsprozess, mit dem die Europäische Union zu einer Rechtsgemeinschaft besonders auf dem Gebiet der Arbeitsmarkt- und Sozialpolitik zusammenwächst, ist ein wesentlicher Anlass zum **Umdenken auch in der Familienpolitik**. Denn Veränderungen in der Arbeitsmarkt- und Sozialpolitik bleiben nicht ohne Auswirkung auf die privaten Lebensformen, das Familienrecht und das Familienleben. Die Europäische Union hat auf der Grundlage des Amsterdamer Vertrages von 1997 sowohl »die Gleichstellung von Männern und Frauen« als auch ein hohes Beschäftigungsniveau zu ihren Hauptzielen erklärt (Art. 2 sowie Art. 136 u. 137 des EG-Vertrages in der Fassung des Amsterdamer Vertrages). Seit dem EU-Gipfel in Lissabon (2000) wird deshalb in jährlichen Programmen eine europäische Beschäftigungsstrategie vereinbart, die zur Stärkung der Europäischen Union als Wirtschaftsmacht ausdrücklich die Förderung der Beschäftigung von Frauen vorsieht, also grundsätzlich davon ausgeht, dass Frauen ebenso wie Männer erwerbstätig oder ökonomisch selbstständig sind. Für Ehe, Familie und Partnerschaft stellen sich damit jedoch angesichts großer Versäumnisse in der Familienpolitik in der Bundesrepublik vielfältige Aufgaben und Herausforderungen.

(116) Denn obwohl Deutschland nach einer Studie der OECD vom 1.9.2009 im Vergleich für Kinder je nach Altersgruppe 10 bis zu 20 % mehr Geld für familienpolitische Leistungen ausgibt als andere, stellt die Sachverständigen-Kommission des Siebten Familienberichts fest, dass diese Transfers bisher »zu wenig befriedigenden Ergebnissen geführt haben. Gemessen an Indikatoren wie Geburtenrate, Vereinbarkeit von Erwerbstätigkeit und Familie, Armutsrisiko oder Bildungsniveau haben andere Staaten mit nicht mehr finanziellem Aufwand häufig bessere Ergebnisse erreicht.« (BMFSFJ 2006, S. XXXII). Das geplante Betreuungsgeld, das ab 2013, wenn der Rechtsanspruch auf einen Krippenplatz für alle Zwei- bis Dreijährigen gültig wird, an Eltern gezahlt werden soll, die Betreuung innerhalb der Familie oder über Tagespflege abdecken, ändert daran nichts – im Gegenteil. Verbände und Expertinnen und Experten verweisen darauf, dass diese Leistung finanzielle Anreize schafft, die Bildungsbeteiligung von Kindern und die Erwerbstätigkeit von Eltern zu verringern statt zu erhöhen. Bildungsgerechtigkeit lässt sich durch finanzielle und personelle Investitionen in Kindergärten, Kindertagesstätten und Schulen fördern. Diese können familiäre Sorgearbeit keinesfalls ersetzen, aber ergänzen. Bei diesen Investitionen in die Infrastruktur hat Deutschland jedoch Nachholbedarf: Sie könnten gezielter wirksam werden als die derzeitige steuerliche Entlastung des Ehegattensplittings, das aus sozial- und gleichstellungspolitischen Gründen seit Langem grundsätzlich in Frage gestellt und auch von der OECD kritisiert wird.

(117) Die gegenwärtigen **Probleme des deutschen Sozialstaats**, der im internationalen Vergleich wegen der Ausrichtung am männlichen Familienernährer als konservativ-korporatistisches Modell gekennzeichnet wird, liegen in seiner

historisch gewachsenen **Struktur und Systematik begründet**. Sozialpolitik war danach vorrangig auf das Funktionieren des Verhältnisses von Arbeitsmarkt und Wirtschaft ausgerichtet und wurde auf Vollbeschäftigung und sog. **Normalarbeitsverhältnisse** hin gestaltet. Aus dieser Perspektive war **Familienpolitik deshalb nur ein Anhängsel der Sozialpolitik** bzw. eine »unliebsame Störung der versicherungsmathematischen Rechnung« (Achinger 1979). Die Rede von »versicherungsfremden Leistungen«, wenn es um Kinder- und Familienpolitik ging, ist hierfür bezeichnend. Unter »Arbeit« wurde nur Lohnarbeit, bezahlte Arbeit verstanden. Arbeit, die zur Herstellung und Wiederherstellung der Arbeitskraft beiträgt, gesellschaftlich unentbehrliche Haus-, Erziehungs- und Sorgetätigkeit wurde hingegen ausgeblendet.

(118) In der international vergleichenden Wohlfahrtsstaatsforschung wird inzwischen das spezifische Verhältnis von Staat, Markt **und Familie** ins Zentrum der Analysen gestellt. Dieser Ansatz nimmt insofern einen Perspektivenwechsel vor, als damit **Familienpolitik als tragende Säule der Sozialpolitik** erkannt wird. Damit setzt sich die Erkenntnis durch, dass die Funktionsfähigkeit des bisherigen wie gegenwärtigen Sozialstaats zum größeren Teil auf der informellen, d. h. vor allem der **familialen Wohlfahrtsproduktion** (Kaufmann 1997) beruht. Denn die private Alltagsarbeit sowie die Erziehung und Pflege der Kinder und Alten, überhaupt jede Form sozialer Hilfeleistung und gesellschaftlicher Solidarität, bilden die eigentliche und unverzichtbare Grundlage und Voraussetzung unseres gesellschaftlichen Reichtums. Das bisherige wohlfahrtsstaatliche Arrangement mit seiner traditionellen Familienverfassung setzte eine geschlechtshierarchische Arbeitsteilung voraus, die die **Sorge für andere** als Liebesdienst

oder »Arbeit aus Liebe« und somit alltägliche Haus- und Erziehungsarbeit unsichtbar und unbezahlbar gewährleistete. Angesichts des tiefgreifenden Strukturwandels im Blick auf Arbeitsmarkt, Familie, den demographischen Wandel und die veränderten Anforderungen und Bedürfnisse hinsichtlich Bildung, Erziehung, Gesundheit und Pflege problematisierte daher auch der Siebte Familienbericht ausführlich das »erhebliche Defizit an Fürsorge/*Care*«, das, von Familien geleistet, keineswegs als quasi »natürliche« Ressource betrachtet werden kann, sondern in einer gleichberechtigten Erwerbsgesellschaft bewusst gestaltet und organisiert werden muss.

(119) Wer Familien, Ehe und Partnerschaftsbindungen und deren gesellschaftliche Teilhabe wirksam fördern und gute Bedingungen für das Aufwachsen von Kindern schaffen möchte, sollte **Familienpolitik daher als Querschnittsthema** betrachten. Das hat zur Folge, dass alle Politikfelder von der Sozialpolitik bis hin zur Steuer- und Wirtschaftspolitik auf ihre Familienfreundlichkeit zu überprüfen sind. Und es bedeutet, dass der Perspektivenwechsel auch eine neue Prioritätensetzung beinhaltet. Denn die gegenwärtigen Anforderungen an eine familien- und geschlechtergerechte Sozialpolitik sind nur zu bewältigen, wenn die Pflege-, Erziehungs- und Betreuungsarbeit, überhaupt die Sorge für andere, als materielle und kulturelle Wohlfahrtsproduktion sozialpolitisch aufgewertet und zum Maßstab für gelingende Sozialstaatlichkeit werden (Gerhard 2010). Inzwischen haben die weltweiten Verflechtungen und die Umstrukturierungen der Arbeitswelt von der Industrie- zur Dienstleistungsgesellschaft alle westlichen Industriegesellschaften eingeholt. Damit ist die Aufmerksamkeit auf das Verhältnis von bezahlter und unbezahlter, formeller und informeller, Lohn- und Haus-Arbeit und auf all die un-

verzichtbaren Sorge-Tätigkeiten gerichtet, die unter dem englischen Begriff *Care* zusammengefasst werden. Das **Konzept *Care*** hat sich inzwischen zu einem Schlüsselwort international vergleichender Arbeitsmarkt- und Wohlfahrtsforschung entwickelt, weil es die neuen politischen und sozialen Herausforderungen auf den Begriff bringt. Die **European Social Platform**, ein Bündnis von über 40 repräsentativen europäischen Nichtregierungsorganisationen, die im sozialen Bereich aktiv sind, hat erst kürzlich das Thema *Care* an die Spitze ihrer politischen Agenda gesetzt und Empfehlungen ausgearbeitet (www.socialplatform.org), wie das Recht und die Pflicht, für andere zu sorgen, und das Recht, umsorgt/gepflegt zu werden, mit staatlicher Hilfe und in der Zivilgesellschaft umzusetzen sind. Dabei wurde ***Care* als Menschenrecht** in all seinen Facetten (beruflicher, privater, institutioneller Pflege und Sorge für andere, aber auch im Blick auf die Rechte der Gepflegten) als »internationales soziales Kapital« behandelt und eine transnationale politische Ökonomie der »Sorge für andere« eingefordert. Noch einmal wird die Bedeutung »fürsorglicher Praxis« für eine neue Form sozialer Politik betont, um gesellschaftlichen Zusammenhalt und die soziale Integration von Benachteiligten und derer, die auf Hilfe angewiesen sind, zu gewährleisten.

(120) **Eine nachhaltige Familienpolitik ist daher nur durch die systematische Verknüpfung der Politikfelder Arbeit, Bildung, Familie und Soziales zu erreichen.** Letztlich geht es darum, dass Politik, Wirtschaft und die organisierte Zivilgesellschaft – und dabei sind die Kirchen wichtige Akteure – aus der Mitte der Gesellschaft Lösungen erarbeiten, die es Männern und Frauen ermöglichen, Berufs- und Familienarbeit partnerschaftlich zu gestalten. Familie muss von ei-

ner privaten Frauenangelegenheit zu einer von Männern und Frauen verantworteten gesellschaftspolitischen Angelegenheit werden. Sie ist »öffentliches Gut« und »gute Gabe Gottes«. Dazu ist ein neues normatives Familienmodell zu fördern, das der **partnerschaftlichen Familie, in der die Rechte und Pflichten jedes Mitgliedes, auch der Kinder, gerecht untereinander geteilt und wechselseitig anerkannt werden.** Dieses Modell ist auch als **gerechtigkeitsorientierte Familie** zu charakterisieren, um klar zu machen, dass gefühlsmäßige Bindungen und institutionelle Absicherungen, oder anders ausgedrückt, Liebe und die Wahrung und Inanspruchnahme von Rechten einander bedingen und im Einzelfall der Spannung zwischen Autonomie und Angewiesenheit die Richtung weisen.

8. Wie Kirche und Diakonie Familien stark machen können

Kirche ist nach wie vor eine wichtige Ansprechpartnerin für Familien. Mit ihren Kasualien, Festen und Feiern begegnet sie Familien in Übergangssituationen, mit ihren Tageseinrichtungen für Kinder, Jugendtreffs und Schulen bietet sie Orte für Bildung, Erziehung und Begegnung, mit ihren diakonischen Diensten begleitet sie in Krisensituationen. Dabei haben Gemeinden, Diakonie und Verbände oft ganz unterschiedliche Gruppen und Familien im Auge. Eine Zusammenarbeit von Kirche und Diakonie, die gemeinsame Entwicklung von Leitbildern und Angeboten und eine verstärkte Zusammenarbeit mit dritten Partnern in der Region sind deshalb unbedingt notwendig. Darüber hinaus sollten Kirchengemeinden ihre generationenübergreifende Arbeit bewusst ausbauen und die Gemeindezentren als Orte erlebten zivilgesellschaftlichen Engagements und erlebter Gemeinschaft gestalten. Angesichts des Strukturwandels von Familien haben Gemeinden und Familienzentren eine wachsende Bedeutung auch für die religiöse Erziehung und die Weitergabe des Glaubens.

(121) Viele Synodalbeschlüsse der letzten Jahre betonen, dass Kirche sich gegenüber erweiterten Familienformen und neuen Leitbildern öffnen muss. Auch die gemeindliche Praxis muss mit der Proklamation der EKD-Synode »Familie haben alle« ernst machen und **sensibler für die bestehende Vielfalt an familiären Lebensformen** werden. Angebote

für Familien richten sich bislang – manchmal ausdrücklich, manchmal unterschwellig – weitgehend an junge Eltern mit ihren Kindern. Familie reicht aber vom Wochenendvater über das miteinander älter werdende Schwesternpaar und die Patchwork-Familie bis zum kinderlosen Ehepaar mit der von ihm gepflegten Tante; sie alle sollten in der Familienarbeit der Gemeinden vorkommen. Gemeindeangebote sind allerdings häufig auf kontinuierliche Mitarbeit ausgerichtet und können von Familien, die mobil leben, kaum wahrgenommen werden. Auch Gottesdienstzeiten und Kasualien sollten auf den veränderten Lebenswandel Rücksicht nehmen. Es ist heute keine Selbstverständlichkeit mehr, dass Frauen und Männer durch das »Regelangebot« ihrer Gemeinde mit der evangelischen Kirche in Berührung kommen. Insbesondere die Lebenssituation von Alleinerziehenden, Patchworkfamilien und Singles oder Geschiedenen erfordert veränderte Aktivitäten und Angebote, die eine breite Teilhabe am kirchlichen Leben ermöglichen. Zugangsbarrieren zu evangelischen Gemeinden, dies zeigen die Sinus-Milieu-Studien (Wippermann 2011), bestehen vor allem für berufstätige Männer und Frauen ebenso wie für bildungsferne Familien in Unterversorgungslagen. Voraussetzung für eine familiensensible Gemeindearbeit ist, dass die Verantwortlichen in den Kirchengemeinden die beschriebenen Veränderungen nicht nur wahrnehmen, sondern aktiv in ihre Arbeit einbeziehen. Dabei geht es nicht darum, immer neue Angebote für weitere Zielgruppen zu machen, sondern mit anderen evangelischen Trägern wie Familienbildungsstätten oder diakonischen Einrichtungen zu kooperieren. Die erste und wichtigste Aufgabe ist aber, den Blick zu weiten für das, was Ehe, Lebenspartnerschaft und Familie in der jeweiligen Gemeinde konkret vor Ort ausmacht, um einer Milieuverengung in der Kirchengemeinde vorzubeugen.

(122) Eine bewusste **Zusammenarbeit zwischen Kirchengemeinden und diakonischen Angeboten** kann helfen, Aufmerksamkeit für das Potenzial der vielfältigen Lebensformen und Bedarfe von Familien zu entwickeln. In den diakonischen Einrichtungen und Diensten sind oft ganz andere Menschen und nicht nur Kirchenmitglieder anzutreffen als in Kirchen und Gemeindegruppen. Die Tageseinrichtungen für Kinder, die Jugendtreffs und Familienzentren, aber auch die diakonischen Pflegedienste, Projekte und Beratungsstellen verfügen über ein differenziertes Wissen und breite Erfahrungen zur Situation von Familien vor Ort und können sie an Kirchengemeinden weitergeben. Eine Studie des Sozialwissenschaftlichen Instituts der EKD über die systematische Arbeit mit Familien in verschiedenen Landeskirchen zeigt, dass Kirche im Bereich der Familienarbeit deutlich hinter ihren Möglichkeiten zurückbleibt und wie notwendig es ist, sich **zwischen Kirchengemeinden und diakonischen Einrichtungen über die jeweiligen Erfahrungen und Leitbilder zu verständigen**, wenn eine profilierte und konzeptionelle evangelische Arbeit mit Familien gelingen soll. Kirchenkreise und Landeskirchen können solche Prozesse anstoßen.

(123) Pfarrerinnen und Pfarrer, Erzieherinnen und Erzieher, aber auch Gemeindepädagogen und Mitarbeiterinnen und Mitarbeiter der Diakonie begegnen Familien in sehr unterschiedlichen Lebenslagen und in Krisensituationen – häufig gerade dann, wenn sich Hoffnungen und Sorgen bündeln: bei Hochzeiten, Taufen und Konfirmationen, bei Kindergartenentlassungen und Einschulungsfeiern oder bei der Schulentlassung, beim ersten Besuch in einer neu zugezogenen Familie, in der Jugendarbeit oder auch, wenn Kinder und Jugendliche durch die Scheidung ihrer Eltern belastet werden.

Weitere Anlässe sind Krankenbesuche, die Sterbebegleitung und die Seelsorge pflegender Angehöriger sowie Beerdigungen. Kirche ist nach wie vor an den Lebensschwellen und in den Umbrüchen gefragt. Wenn dabei Vertrauen wächst, entsteht ein Bogen der Lebensbegleitung durch Höhen und Tiefen. Das kann gelingen, wenn in der **Vorbereitung und Gestaltung von Kasualien** Offenheit und Sensibilität für die tatsächliche Lebenssituation der jeweiligen Familien spürbar wird, wenn deren Hoffnungen und Wünsche zu Wort kommen und mit dem frei machenden Evangelium »versprochen« werden, sodass gerade auch in Umbrüchen Verstehen, Versöhnung und Neuanfänge möglich werden. Gemeinden, die Paare trauen und Kinder taufen, haben eine besondere Verantwortung, Paare in schwierigen Lebenslagen zu stärken und Kinder zu begleiten. Immer häufiger zeigt sich, dass über die bekannten Kasualien hinaus zaghaft neue oder alte neu entstehen: bei Ein- und Auszügen, bei Trennung und Scheidung, zum Ehejubiläum, bei Tauf- und Konfirmationsfeiern, die viele Familien in der Gemeinde zusammenführen. Es ist ein Segen für konfessionsverbindende Familien, dass ihre Mitglieder in der evangelischen Kirche gemeinsam das Abendmahl empfangen und damit auch in ihrem Glauben Gemeinsamkeit erleben können.

(124) **Evangelische Gemeinden verstehen sich in besonderer Weise als Gemeinschaften**, die vom Engagement ihrer Mitglieder, von Gruppen und Initiativen getragen werden. Hier zeigt sich, dass Kirche ein Teil der Zivilgesellschaft ist, in der viele unterschiedliche gesellschaftliche Gruppen eine Chance zur Teilhabe erfahren. Dabei sind Gemeinden nicht nur, wie es traditionell in der Kinder- und Jugendarbeit oder in der offenen Altenarbeit der Fall ist, auf bestimmte Ziel-

gruppen ausgerichtet. Christliche Gemeinden haben die Ressourcen, Angebote für ein generationenübergreifendes Miteinander zu entwickeln. Kirchengemeinden können Räume anbieten, **in denen sich die Generationen begegnen**, wo Familien mit Kindern Paten-Großeltern finden und ältere Menschen ihre beruflichen Erfahrungen als Mentoren weitergeben, wo Alleinerziehende in Familienzentren ein hilfreiches Netzwerk knüpfen und Eltern einander dabei unterstützen, Erwerbstätigkeit und Familie vereinbaren zu können. Attraktive Gemeinden gestalten ihre Angebote so, dass sie auch denen zum verbindlichen Ort werden, deren Kinder oder Eltern weit entfernt wohnen oder die unter ihrem Alleinsein leiden. **Mehrgenerationenhäuser** und Tageseinrichtungen für Kinder, die sich in Zusammenarbeit mit Beratungsstellen und Familienbildungsstätten zu Familienzentren entwickeln, machen deutlich, was sie der Sache nach letztlich immer schon sind: ein Ort, der alle Generationen einlädt, an dem sie miteinander ins Gespräch kommen und einander unterstützen. Dabei kommen jedoch auch erhebliche regionale und soziale Unterschiede zum Tragen. Ob Stadtteilgemeinde oder ländlicher Raum, Volkskirche oder Diaspora, benachteiligte Lebenslagen oder Familien in Wohlstandslagen – sie fordern unterschiedliche Gestaltung gemeindlicher Angebote, wirken auf unterschiedliche Weise einladend oder ausgrenzend.

(125) In der Gemeinde lässt sich finden, was auch Familien stärkt: Vorbilder für glaubwürdiges Christsein, Gespräche über Glaubens- und Sinnfragen, gemeinsames Singen, Beten und Feiern. Bei gemeinsamen Festen und Mahlzeiten, bei Glaubenskursen und Freizeiten, in Familiencafés können die verschiedenen Generationen über ihren Glauben ins Gespräch kommen. Bei Seminaren zur Ehevorbereitung oder bei

besonderen Paarwochen kann besprochen und erlebt werden, was den Zusammenhalt von Paaren stärkt. Kindergottesdienst und Konfirmandenarbeit bieten einen Rahmen, um Geschichten und Lieder, Traditionen und Rituale weiterzugeben, die in vielen Familien verloren gegangen sind. Gottesdienste, die unterschiedliche Generationen zusammenführen, lassen Gemeinden als Gemeinschaft lebendig werden.

(126) Aber auch, **wo sich in Familien Spannungen abzeichnen**, sind Gemeinden gefordert. Oft geschieht dies gerade dann, wenn Familienfeste oder Feste im Kirchenjahr gefeiert werden. Eindrückliche Beispiele bieten verunsicherte Jugendliche, die ihrer Konfirmation ängstlich oder traurig entgegensehen, weil sie den Streit ihrer geschiedenen Eltern fürchten oder auf ein Elternteil und deren mögliche neue Lebenspartner verzichten müssen. Ähnlich ist es, wenn Familien bei Beerdigungen unversöhnt aufeinandertreffen, oder auch, wenn Alleinerziehende unsicher sind, ob sie ihr Kind zur Taufe anmelden können. Hier brauchen Menschen kompetente Seelsorger und Seelsorgerinnen, die gerade vor dem Hintergrund eigener reflektierter Familienerfahrungen unterstützend begleiten können. Darüber hinaus suchen Menschen bewusst in kirchlichen und diakonischen Einrichtungen Beratung und Unterstützung in schwierigen Lebenslagen. Ehe-, Lebens- und Erziehungsberatungsstellen, aber auch Schwangerschaftskonflikt- und Sozialberatung sind nicht nur für Kirchenmitglieder wichtige Angebote, die verlässlich zur Verfügung stehen müssen. Diakonische Dienste helfen Familien in Notlagen: bei Armut und Überschuldung, im Umgang mit Behinderungen, in Krankheit und Pflegebedürftigkeit und bei Suchtproblemen.

(127) Wenn es um Konflikte geht, dürfen aber auch die Menschen nicht vergessen werden, die bei der Kirche selbst arbeiten oder in ihr Ämter übernehmen. An ihre Lebensführung, ihr Ehe- und Familienleben werden Anforderungen gestellt, die sie bisweilen als einengend oder gar unvereinbar mit ihren eigenen Lebenskonzepten erleben. **Pfarrhäuser sind nach wie vor zentrale Orte und Anlaufstellen in der Gemeinde.** Zugleich aber zeigt sich im Leben von Pfarrerinnen und Pfarrern und ihren Familiensituationen der gesellschaftliche Wandel. Die Emotionalität früherer Debatten um geschiedene Paare und Patchworkfamilien im Pfarrhaus, aber auch die Heftigkeit heutiger Diskussionen um homosexuelle Lebenspartnerschaften und bi-religiöse Ehen macht deutlich, dass Pfarrhäuser nach wie vor als symbolische Orte für die Veränderungen im Leben der Gemeinde wahrgenommen werden und dass an den Lebensstil von Pfarrerinnen und Pfarrern besondere Erwartungen gerichtet sind. Neue Lebensformen im Pfarrhaus können den Blick dafür öffnen, dass in vielen unterschiedlichen Formen Leben gelingen kann, wenn es verantwortlich, verbindlich und verlässlich gestaltet wird.

(128) Die verantwortlichen Kirchenleitungen müssen darüber hinaus auch pragmatisch über mögliche eigene institutionelle Veränderungen im Gemeindeleben nachdenken, die der Vielfalt von Ehe und Familie entgegenkommen. Dazu gehört auch die bewusste Verantwortung für familienfreundliche Arbeitsverhältnisse aller Beschäftigten im kirchlichen und diakonischen Dienst sowie Entgelte, die eine **menschenwürdige Existenzsicherung bei Vollzeitstellen** ermöglichen.

(129) Benachteiligte, behinderte und pflegebedürftige Menschen, aber auch Familien mit kleinen Kindern und Men-

schen, die Angehörige pflegen, sind besonders angewiesen auf ihr soziales Umfeld. **Gemeinsam mit den diakonischen Angeboten in der Region können Gemeinden ein Netzwerk bilden, in dem Familien Hilfe und Unterstützung erfahren, sich austauschen und lernen können.** Dazu gehören Tageseinrichtungen und Familienbildungsstätten, Beratungsstellen, Mittagstische und Familienzentren, Kinderkleiderkammern genauso wie Pflegeberatungsstellen und Kurzzeitpflegeeinrichtungen oder ambulante Dienste. Viele dieser so wesentlichen Angebote wie zum Beispiel die Ehe- und Lebensberatungsstellen sind freiwillige Leistungen der Kommunen. Auch Dienste wie die »Familien- und Dorfhilfe« sind nicht flächendeckend vorhanden und haben keine bundesweite Regelfinanzierung. Sie sind oft von den Haushaltslagen von Ländern und Kommunen abhängig und mosaikartig von verschiedensten Kostenträgern finanziert. In der Kommune wird ganz unmittelbar sichtbar, in welcher Weise Familie auf gesellschaftliche Unterstützung angewiesen ist. Hier sind Kirche und Diakonie als Träger von Tageseinrichtungen, Beratungsstellen und Pflegediensten auch selbst gefordert. **Sie müssen ihre Angebote bedarfsgerecht weiterentwickeln, besser vernetzen** und im Sinne der Prävention und Begleitung von Familien für eine sozialraumorientierte Kooperation zwischen Tageseinrichtung und Kinder- und Jugendarbeit, zwischen Religionsunterricht und Konfirmandenarbeit, zwischen Pflegediensten und Gemeinde sorgen.

(130) **Darüber hinaus müssen Kirche und Diakonie verstärkt mit dritten Partnern zusammenarbeiten und Verantwortung für das Wohnviertel oder Quartier übernehmen.** Voraussetzung hierfür ist eine kritische Würdigung des Sozialraums, in dem die Gemeinde angesiedelt ist. Das gilt

für die Kooperation mit den Schulen genauso wie für die Zusammenarbeit mit Gesundheitseinrichtungen, für Netzwerke mit Firmen oder für die Zusammenarbeit mit Bauamt und Gewerbekreis, wenn es um eine familien- und altersgerechte, aber auch integrationsfreundliche Infrastruktur in den Städten geht. Kirche und Diakonie sind nach wie vor wichtige gesellschaftliche Akteure. Sie müssen sich deshalb über die eigenen Grenzen hinaus an gesellschaftlichen Bündnissen für Familie beteiligen und dadurch auch als Anwälte von Familien erkennbar werden.

9. Empfehlungen

(131) Nach evangelischem Verständnis ist die Familie der maßgebliche Ort, an dem Autonomie und Angewiesenheit, Freiheit und Bindung gleichzeitig erfahren und gelebt werden können. **Leitlinie einer evangelisch ausgerichteten Förderung von Familien, Ehen und Lebenspartnerschaften muss die konsequente Stärkung von fürsorglichen familiären Beziehungen sein.** Wo Menschen auf Dauer und im Zusammenhang der Generationen Verantwortung füreinander übernehmen, sollten sie Unterstützung in Kirche, Gesellschaft und Staat erfahren. Dabei darf die Form, in der Familie und Partnerschaft gelebt werden, nicht ausschlaggebend sein. Alle familiären Beziehungen, in denen sich Menschen in Freiheit und verlässlich aneinander binden, füreinander Verantwortung übernehmen und fürsorglich und respektvoll miteinander umgehen, müssen auf die Unterstützung der evangelischen Kirche bauen können. **Daraus ergeben sich Empfehlungen für politisches, soziales und kirchliches Handeln.**

(132) Angesichts des tiefgreifenden sozialen und kulturellen Wandels ist auch die Kirche aufgefordert, **Familie neu zu denken** und die neue Vielfalt von privaten Lebensformen unvoreingenommen anzuerkennen und zu unterstützen. Diese Anerkennung ist nicht lediglich als Anpassung an neue Familienwirklichkeiten zu verstehen, sondern als eine normative Orientierung: Vor dem Hintergrund der befreienden Botschaft des Evangeliums geht es darum, das Versprechen der Freiheit und Gleichheit aller Menschen ernst zu nehmen

und Gerechtigkeit auch in der Familie umzusetzen. Die traditionellen Leitbilder halten den neuen Herausforderungen in Wirtschaft und Gesellschaft sowie den vielfältigen Erwartungen an Familien nicht mehr stand. Die Erziehung der Kinder, die Pflege kranker und alter Menschen sowie die alltägliche Sorge für das Wohl der Familienangehörigen sind so kostbare Aufgaben, dass sie einer neuen gesellschaftlichen Wertschätzung und Achtsamkeit bedürfen. Sie sind deshalb nicht ausschließlich der Privatsphäre oder einem der Partner, in der Regel der Frau, zu überlassen. Frauen und Männer haben das Recht auf einen eigenen Lebensentwurf, in dem sie Beruf und Familie vereinbaren können. Im Zentrum der Familie heute steht das Kindeswohl, das auf eigenständigen Kinderrechten beruht. Der gesellschaftliche Wandel bietet deshalb eine Chance, neue Formen der Arbeitsteilung in Familie und Beruf zu praktizieren und insbesondere auch die Haus-, Sorge- und Pflegetätigkeiten partnerschaftlich zu teilen. Für diese Ziele setzt sich die Evangelische Aktionsgemeinschaft für Familienfragen (eaf), der Dachverband Familien unterstützender Werke und Verbände in der EKD, seit Langem ein. Familienarbeit und Familienpolitik sollte grundsätzlich auch als zentrales Handlungsfeld landeskirchlichen Handelns verstanden werden, das weiterentwickelt und gefördert werden muss. (s. Kap. 3).

(133) **Familienrecht und Rechtsprechung** gehen inzwischen von einem **erweiterten Familienbegriff** aus, in dem die Ehe nicht mehr notwendigerweise die Voraussetzung für Elternschaft und für Familie im Sinne des Art. 6 GG ist. Leitende Prinzipien, die sich auf die internationale Geltung der Menschenrechte und die Entwicklung des europäischen Antidiskriminierungsrechts gründen, sind die Gleichberech-

tigung der Kinder und der Ehefrauen sowie die Anerkennung unterschiedlicher sexueller Orientierungen. Allerdings führt die Ungleichzeitigkeit der Entwicklung auch zu erheblichen Problemen: Zum Beispiel werden im deutschen Steuer- und Sozialrecht nach wie vor Ehen mit einem Alleinverdiener bzw. Hauptverdiener finanziell begünstigt, während im Unterhaltsrecht nach der Scheidung die Erwerbstätigkeit beider Partner vorausgesetzt wird. Die rechtliche Anerkennung der Vielfalt von Familien- und Lebensformen muss auch in der Kirche wahrgenommen und in das kirchliche Handeln einbezogen werden (s. Kap. 4).

(134) Die Bibel beschreibt im Alten und Neuen Testament das familiale Zusammenleben in einer großen Vielfalt. Das historisch bedingte Ideal der bürgerlichen Familie kann daher biblisch nicht als einzig mögliche Lebensform begründet werden. Die evangelische Kirche würdigt die Ehe als besondere Stütze und Hilfe, die sich auf Verlässlichkeit, wechselseitige Anerkennung und Liebe gründet. Gleichzeitig ist sie gehalten, andere an Gerechtigkeit orientierte Familienkonstellationen sowie das fürsorgliche Miteinander von Familien und Partnerschaften – selbst in ihrem Scheitern – zu stärken, aufzufangen und in den kirchlichen Segen einzuschließen. Wo sich Menschen in entscheidenden Lebenssituationen unter den Segen Gottes stellen wollen, sollte sich die evangelische Kirche auch aus theologischen Gründen nicht verweigern, wie auch die Diskussion in den einzelnen Landeskirchen zeigt (s. Kap. 5).

(135) Angesichts von Verunsicherungen und Umbrüchen im gesellschaftlichen und kulturellen Wandel sind Kirche und Diakonie in besonderer Weise herausgefordert, in öf-

fentlichen Debatten Stellung zu den **brennendsten Fragen der Familien- und Sozialpolitik** zu beziehen sowie in ihrer gemeindlichen und diakonischen Praxis Orientierung zu geben. Sie werden die Lebenswirklichkeit der Familien nur treffen, wenn sie informiert und anteilnehmend auch auf die Menschen zugehen, die der Kirche fernstehen oder sich in ihr nicht vertreten wissen. Dabei steht der Kirche als Institution und als zivilgesellschaftlicher Akteur, in ihren vielfältigen Erziehungs-, Bildungs- und Betreuungseinrichtungen, in diakonischen Diensten, Verbänden und Gremien sowie in den Gemeinden ein breites Feld der Verkündigung und sozialer Praxis zu Gebote. In allen diesen Feldern kann sie für ein grundsätzliches Umdenken in Familienfragen, die Neubewertung von Erwerbs- und Sorgearbeit eintreten und aus evangelischer Sicht für ein neues Verhältnis von Wachstum und Wohlfahrt und für andere Prioritäten in der Sozialpolitik werben (s. Kap. 6).

(136) Grundsätzlich gilt es, **Menschen zu unterstützen, die für andere sorgen, sie betreuen, erziehen und pflegen** und dabei ihre beruflichen Chancen zurückstellen. Wichtig für die Zukunft ist die **gesellschaftliche Neubewertung dieser fürsorglichen Tätigkeiten im Verhältnis zur Erwerbsarbeit**. Dazu bedarf es vor allem einer gerechteren Verteilung der Haus-, Sorge- und Pflegearbeit **zwischen Männern und Frauen**. Eine an Gerechtigkeit orientierte Familie zu unterstützen ist aber nicht allein die Aufgabe staatlicher Institutionen, sondern erfordert ein neues Miteinander zwischen den Geschlechtern und zwischen denen, die private und öffentliche Verantwortung für die Erziehungs- und Sorgetätigkeiten tragen. Mitarbeitende in Kirchengemeinden und Diakonie mit ihrem spezifischen Zugang zu Familien, ihren Bildungs-

und Betreuungseinrichtungen, nicht zuletzt die ehrenamtlich Engagierten haben die besondere Chance, Leitbildfunktionen zu übernehmen und ihr soziales Handeln an einem **Ethos fürsorglicher Praxis** auszurichten (s. Kap. 6.2).

(137) Die **partnerschaftliche Familie als Modell der Zukunft** braucht neue Formen gesellschaftlicher, rechtlicher und sozialpolitischer Unterstützung für ihre Erziehungs- und Sorgearbeit. Dies betrifft insbesondere die Leistungen von Frauen, die (zeitweise) überwiegend Familienaufgaben oder ehrenamtliche Arbeit in Kirchengemeinden übernehmen. Dazu gehören nicht nur **familienfreundliche Arbeitszeiten für Männer und Frauen,** sondern auch **die steuerliche und sozialversicherungsrechtliche Förderung von Familien- und Pflegezeiten**, die Einbußen bei der Reduzierung von Arbeitszeit zugunsten von Erziehungs- und Pflegeaufgaben ausgleichen. Als Arbeitgeberin ist auch die Kirche gefordert, die Vereinbarkeit von Beruf und Familie zu unterstützen, die Vielfalt der Familienformen bei ihren Mitarbeiterinnen und Mitarbeitern anzuerkennen und die Tarif- und Arbeitsbedingungen, Versorgungsansprüche und Infrastruktur der Rechtslage entsprechend anzupassen (s. Kap. 6.2 und Kap. 7 u. 8).

(138) Eine grundlegende Bedingung für das Gelingen von Familie ist der konsequente und qualifizierte Ausbau einer **familienunterstützenden Infrastruktur** von den Krippen bis zu Ganztagsschulen, zu der Kirche und Diakonie bisher schon einen wichtigen Beitrag leisten. Die kirchlich-diakonische Trägerschaft von Tageseinrichtungen für Kinder und Einrichtungen für Pflegebedürftige ist eine zentrale Aufgabe kirchlicher Familienpolitik. Aus den aktuellen Ausbauprogrammen für Kitas dürfen sich Kirchengemeinden und Di-

akonie nicht zurückziehen; vielmehr sollten sie weiterhin auf die pädagogische Qualität ihrer Angebote achten. Die **Verbesserung der Bildungschancen** und mehr Bildungsgerechtigkeit setzen bedarfsgerechte Angebote der frühkindlichen Erziehung voraus – das betrifft insbesondere die Öffnungszeiten, Gruppengrößen und pädagogische Qualität – sowie eine Förderung der Familienbildungsstätten, den Ausbau der Familienzentren sowie Angebote von Dorf- und Familienhilfe. Der Ausbau der Infrastruktur bedeutet nicht, Familien aus ihrer Verantwortung zu entlassen, sie bleiben die wichtigsten Orte für das umsorgte und gedeihliche Heranwachsen der Kinder und für die Einübung in gesellschaftlicher Solidarität. Tageseinrichtungen und Schulen, aber auch Kirchengemeinden müssen ihre Zusammenarbeit mit Familien aber im Sinne einer Erziehungspartnerschaft weiterentwickeln. Insgesamt ist die Kooperation formaler Bildungsträger wie der Schulen mit Bildungsangeboten in Jugendarbeit, Sportvereinen und Kirchengemeinden weiter auszubauen (s. Kap. 6.3).

(139) Der Ausbau von Tageseinrichtungen und Ganztagsschulen, von Familienbildungs- und Beratungsangeboten, von Pflegediensten und haushaltsnahen Dienstleistungen kann nur gelingen, wenn die **Attraktivität der sozialen Berufe in Erziehung, Beratung und Pflege auch für Männer** steigt. Schon jetzt ist ein Fachkräftemangel in Erziehungs- und Pflegeberufen zu beklagen, der sich in den nächsten Jahren noch erheblich verschärfen wird. Die »klassischen Frauenberufe« leiden noch immer unter zu geringer Bezahlung, mangelnder Durchlässigkeit und geringen Aufstiegschancen und sind zudem häufig durch Schichtarbeit belastet. Angesichts der Akademisierung und Professionalisierung der Erziehungs- und Pflegeberufe im europäischen Kontext und

angesichts des wachsenden Wettbewerbs auf dem Sozial- und Gesundheitsmarkt müssen sich auch Kirche und Diakonie als Trägerinnen von Schulen, Einrichtungen und Diensten für angemessene Tarife, familienfreundliche Arbeitsbedingungen und verbesserte Aufstiegsmöglichkeiten in diesem Feld einsetzen (s. Kap. 6.3 u. 6.5).

(140) **Die Verankerung von Frauen- und Kinderrechten** ist eine Errungenschaft für das familiale Zusammenleben. Von besonderer Bedeutung sind die Rechte der Kinder, die seit 1989 in der UN-Konvention für Kinderrechte durch völkerrechtliche Vereinbarungen zum Wohl des Kindes festgelegt sind und die Veränderungen im deutschen Familienrecht leiten. In einer individualisierten und demokratischen Gesellschaft kann Gemeinschaft nur gelingen, wenn die Bedürfnisse der Schwächeren und Benachteiligten zur Richtschnur sozialen Handelns werden. Das Erziehungsrecht der Eltern, zu deren Verantwortung auch die religiöse Erziehung gehört, muss deshalb so wahrgenommen werden, dass Kinder in einem Raum der Geborgenheit und Zuwendung aufwachsen können, geschützt vor Gewalt und Missbrauch.

(141) Kindergottesdienste und Kinderbibeltage bzw. -wochen, Kinder-, Jugendarbeit und Konfimandenarbeit, aber auch Schulgottesdienste und Projektwochen gewinnen zunehmend an Bedeutung für die religiöse Sozialisation und das Kennenlernen von Gemeinde und Gottesdienst. Angesichts der Säkularisierung, wachsender Mobilität und vielfältiger Zeitrhythmen von Familien wird es dabei immer wichtiger, Angebote zu entwickeln, die in herausgehobenen Zeiten erfahrungs- und projektorientiertes Lernen ermöglichen. Auch hier geht es darum, familiäre Erziehung und

Bildung zu ergänzen, Kindern und Jugendlichen biblische Traditionen zu erschließen und ihnen neue Zugänge zu Gebeten und kirchlichen Festzeiten zu ermöglichen. Die Begleitung von jugendlichen und erwachsenen Teamern, die ihren Glauben und ihr Christsein ins Gespräch bringen, aber auch eine offene und sensible Zusammenarbeit mit Familien und Elternhäusern muss dabei genauso selbstverständlich sein wie die Erziehungspartnerschaft in Tageseinrichtungen oder Schulen (s. Kap. 6.3).

(142) Angesichts der **Zunahme bikultureller Familien mit unterschiedlichen religiösen Herkunftstraditionen** müssen sich auch Religionsunterricht, Tageseinrichtungen und kirchliche Kinder- und Jugendarbeit darauf einstellen, dass Menschen in Zukunft die Entscheidung für ihre eigene Religion bewusst in Kenntnis und im Dialog mit anderen Religionen treffen. Kirchliche Einrichtungen stehen vor der Herausforderung, die christlichen Feste und Traditionen zu gestalten und sich gleichzeitig für neue zu öffnen, ohne beliebig und austauschbar zu werden. Darüber hinaus besteht die Herausforderung, auch Kasualien wie den Segen anlässlich einer Eheschließung oder die Bestattung so zu gestalten, dass Menschen unterschiedlichen Glaubens daran teilnehmen können (s. Kap. 6.7).

(143) Eine große **sozialpolitische Herausforderung** stellt die **zunehmende soziale Ungleichheit** dar, die den sozialen Zusammenhalt gefährdet und den Grundprinzipien der Gerechtigkeit widerspricht. Dabei geht es nicht nur um die zunehmenden sozialen Unterschiede zwischen Familien in prekären Lebenslagen und in Armut einerseits und wohlhabenden Familien andererseits, sondern insbesondere um

die soziale Schieflage zwischen Menschen, die alltäglich die Sorge für andere übernehmen, Kinder erziehen und Angehörige pflegen, und anderen, die ihre Zeit und Energie in die Erwerbsarbeit investieren können. Der Arbeitsmarkt fordert zunehmende Flexibilität und Mobilität und nimmt auf Sorgeverpflichtungen zu wenig Rücksicht. Darüber hinaus ist es wichtig, für existenzsichernde Entgelte für die Einzelnen zu sorgen und eine armutsfeste Grundversorgung für Familien sicherzustellen, die Eltern und ihre Kinder aus Armutslagen herausbringt und gerechte Teilhabe ermöglicht (s. Kap. 6.8).

(144) Wesentliche sozialpolitische Aufgabe ist es darüber hinaus, für familienfreundliche Lebensräume zu sorgen. Familien brauchen in städtischen und ländlichen Räumen ein kulturell vitales Gemeinwesen und verlässliche soziale Unterstützung. Hierfür braucht es familienorientierte Stadt- und Quartiersförderung. Eine **verstärkte Zusammenarbeit von diakonischen Einrichtungen und Kirchengemeinden** kann zur Verbesserung der Angebote für Familien beitragen. Tageseinrichtungen für Kinder und Mutter-Kind-Gruppen der Kirchengemeinden, Familienbildungsstätten mit ihren Patenprogrammen, Ehe-, Lebens- und Familienberatungsstellen und Kirchengemeinden mit ihren Angeboten rund um die Taufe müssen so miteinander kooperieren, dass Netzwerke entstehen, in denen aktive Gemeindemitglieder wie auch kirchenferne Menschen Unterstützung für Familie und Erziehung, Hilfe in Alltagsbelastungen und Krisensituationen oder Angebote zur religiösen Erziehung finden. Eine stillschweigende Zuordnung, nach der die Diakonie vor allem für Familien in Problemlagen zuständig ist, während Gemeinden vor allem »normale« Mittelschichtfamilien ansprechen, ist zu vermeiden. So ist es zum Beispiel notwendig, Familien in Ar-

mutslagen oder Familien mit Pflegeaufgaben stärker als Gemeindemitglieder und weniger als ausschließliche Adressaten diakonischer Dienste zu sehen (s. Kap. 8).

(145) Familien erfahren Unterstützung durch die Einbindung von sozialen Großeltern, Tanten, Paten oder Mentoren. In Paten- und Großelternprogrammen, bei Väter-Kind-Tagen und Familienfreizeiten, bei Kindertafeln und Hausaufgabenangeboten hat sich bereits ein breites Feld ehrenamtlichen und bürgerschaftlichen Engagements entwickelt. In vielen Kirchengemeinden mit Kinder- und Familiengottesdiensten, Kinder- und Jugendgruppen ist diese Tradition selbstverständlich. Bei der **Förderung von ehrenamtlichem und bürgerschaftlichem Engagement** z.B. bei Ehrenamtsbörsen und Freiwilligenagenturen sowie für die Qualifizierung in Ehrenamtsakademien und im Freiwilligenmanagement ist die Zusammenarbeit zwischen Kirchengemeinden und diakonischen Trägern wichtig. Schließlich geht es um die Anerkennung und Unterstützung ehrenamtlicher Dienste, nicht zuletzt durch Anleitung, Begleitung und Supervision durch Fachkräfte. Die Entwicklung einer neuen Engagement-Kultur in Kirche und Diakonie ist deshalb kein »Sparmodell« und kein »Ersatz« für Hauptamtliche; vielmehr sind Menschen für zivilgesellschaftliches Engagement zu gewinnen, das gleichzeitig zur Entwicklung einer aktiven Gemeinde- und Gemeinwesenarbeit beiträgt (s. Kap. 6.4 u. 8).

(146) Alle Mitarbeiterinnen und Mitarbeiter der Kirche, sowohl Haupt- als auch Ehrenamtliche in Gemeinde, Tageseinrichtungen, Schulen, diakonischen Diensten und Verbänden, müssen in der Lage sein, mit Verdachtsfällen von **Gewalt in der Familie oder in Einrichtungen umzugehen**. Sie brau-

chen Fortbildungsangebote, um Betroffene zum Sprechen zu ermutigen und fachliche Hilfe vermitteln zu können. Darüber hinaus müssen Kirche und Diakonie eigene Beratungseinrichtungen erhalten und ausbauen, die Hilfen zur Erziehung, Beistand für die Arbeit der Frauenhäuser bis zu Präventionsmaßnahmen gegen sexuellen Missbrauch und Unterstützungsangeboten für pflegende Angehörige vorhalten (s. Kap. 6.6).

(147) Familien müssen immer wieder eine neue Balance finden, wenn es darum geht, **Gemeinschaft in christlicher Freiheit zu gestalten**. Evangelische Theologie und Kirche sind aus ihrer biblischen Tradition heraus gefragt, zur **Orientierung auf ein Menschenbild** beizutragen, das Menschen jenseits von Leistungsanforderungen wertschätzt und annimmt. Das betrifft vor allem Fragen des Umgangs mit Zeit, mit Arbeit und Konsum, mit kulturellen und religiösen Unterschieden sowie die Gestaltung von Kasualien.

Die Kirche muss sich dafür einsetzen, die grenzenlosen Zeiterfordernisse moderner Ökonomien zu beschränken und einen **Rhythmus für Arbeit und Muße** zu finden. Der **Sonntag als Tag für gemeinsame Zeit in Familien, Vereinen und Gemeinden** mit Verfassungsrang ist weiterhin auf rechtlichen, aber auch auf gesellschaftlichen Schutz von Unternehmen, Ländern und Kommunen angewiesen. Das Gleiche gilt für die **christlichen Fest- und Feiertage**. Politik wie Unternehmen sind gefordert, auf Familienzeiten, Sonn- und Feiertage Rücksicht zu nehmen und die Arbeitszeiten den Familienbedingungen entsprechend familienfreundlich zu gestalten. Dazu sollten sich Kirchengemeinden und diakonische Einrichtungen an lokalen Bündnissen für Familie beteiligen und z.B. an der Entwicklung familiengerechter Zeitstrukturen auf lokaler Ebene mitwirken (s. Kap. 6.1).

(148) Aus den aufgezeigten Veränderungen resultieren neue Anforderungen für alle, die Verantwortung in der Gemeinde übernehmen, die planen und gestalten. Menschen brauchen seelsorgliche und spirituelle Angebote im Umgang mit Krisen und Übergängen des Lebens. Notwendig sind eine **sensible und situationsbezogene Gestaltung von Kasualien** und die konsequente Öffnung der Gemeindeangebote für Menschen in unterschiedlichen Lebensformen, das gilt auch für Alleinstehende, die soziale Anbindung z.B. in Freizeiten, Begegnungen oder als Begleiter und Begleiterinnen von Kindern und Jugendlichen suchen.
Einzelne Landeskirchen unterstützen diese Neuorientierung, indem sie Gemeinden und diakonische Einrichtungen auszeichnen, die Zeit und Energie investieren, um der Pluralität der Familienformen und Lebensstile gerecht zu werden. Ein **Siegel »familienkompetente Gemeinde«** könnte auch EKD-weit Gemeinden motivieren, die Ressourcen in der eigenen Gemeinde in ihrer Breite und Vielfältigkeit zu erfassen und daraus Schlüsse für die Praxis zu ziehen (s. Kap. 8).

Literaturhinweise

Achinger, Hans (1979): Sozialpolitik als Gesellschaftspolitik. Schrift des Deutschen Vereins für öffentliche und private Fürsorge, Frankfurt a. M.

Arendt, Hannah (1960): Vita activa oder vom tätigen Leben, Stuttgart

Autorengruppe Bildungsberichterstattung (Hrsg.) (2010): Bildung in Deutschland 2010. Ein indikatorengestützter Bericht mit einer Analyse zu Perspektiven des Bildungswesens im demografischen Wandel, Bielefeld

Bundesministerium für Arbeit und Sozialordnung (2008): Dritter Armuts- und Reichtumsbericht der Bundesregierung, Berlin

Bundesministerium für Familie, Senioren, Frauen und Jugend (BMFSFJ) (2002): Elfter Kinder- und Jugendbericht, Berlin

Bundesministerium für Familie, Senioren, Frauen und Jugend (BMFSFJ) (2004): Lebenssituation, Sicherheit und Gesundheit von Frauen in Deutschland. Eine repräsentative Untersuchung zu Gewalt gegen Frauen in Deutschland im Auftrag des Bundesministeriums für Familie, Senioren, Frauen und Jugend, Bonn

Bundesministerium für Familie, Senioren, Frauen und Jugend (BMFSFJ) (2006): Siebter Familienbericht, Familie zwischen Flexibilität und Verlässlichkeit. Perspektiven für eine lebenslaufbezogene Familienpolitik, Stellungnahme der Bundesregierung zum Bericht der Sachverständigenkommission, Bericht der Sachverständigenkommission, Berlin

Bundesministerium für Familie, Senioren, Frauen und Jugend (BMFSFJ) (2010): Familien mit Migrationshintergrund. Lebenssituation, Erwerbsbeteiligung und Vereinbarkeit von Familie und Beruf, Berlin
Bundesministerium für Familie, Senioren, Frauen und Jugend (BMFSFJ) (2010b): Altern im Wandel. Zentrale Ergebnisse des Deutschen Alterssurveys, Berlin
Bundesministerium für Familie, Senioren, Frauen und Jugend (BMFSFJ) (2010c): Ehe, Familie, Werte. Migrantinnen und Migranten in Deutschland, Berlin
Bundesministerium für Familie, Senioren, Frauen und Jugend (BMFSFJ) (2011): Erster Gleichstellungsbericht – Neue Wege – Gleiche Chancen. Gleichstellung von Frauen und Männern im Lebensverlauf, Berlin
Bundesministerium für Familie, Senioren, Frauen und Jugend (BMFSFJ) (2012): Familienreport 2011. Leistungen, Wirkungen, Trends, Berlin
Evangelische Aktionsgemeinschaft für Familienfragen (eaf 2009): Häusliche Pflege von Familienangehörigen
Evangelische Frauen in Deutschland; Männerarbeit der EKD (2011): Geschlechtergerechte Zukunft der häuslichen Pflege. Positionspapier, Hannover
Evangelische Kirche in Deutschland (1994): Identität und Verständigung. Standort und Perspektiven des Religionsunterrichts in der Pluralität, Eine Denkschrift der EKD, Hannover
Evangelische Kirche in Deutschland (2003): Maße des Menschlichen. Evangelische Perspektiven zur Bildung in der Wissens- und Lerngesellschaft. Eine Denkschrift des Rates der EKD, Hannover
Evangelische Kirche in Deutschland (2009): Im Alter neu werden können. Evangelische Perspektiven für Individu-

um, Gesellschaft und Kirche, Eine Orientierungshilfe des Rates der EKD, Hannover
Evangelische Kirche in Deutschland (2009): Soll es künftig kirchlich geschlossene Ehen geben, die nicht zugleich Ehen im bürgerlich-rechtlichen Sinne sind? Zum evangelischen Verständnis von Ehe und Eheschließung – Eine gutachtliche Äußerung, EKD-Texte 101, Hannover
Evangelische Kirche in Deutschland (2009): Kirche und Bildung. Herausforderungen, Grundsätze und Perspektiven evangelischer Bildungsverantwortung und kirchlichen Bildungshandelns. Eine Orientierungshilfe des Rates der EKD, Hannover
Evangelische Kriche in Deutschland (2010): Kirche und Jugend. Lebenslagen, Begegnungsfelder, Perspektiven. Eine Handreichung des Rates der EKD, Hannover
Fichte, Johann Gottlieb (1796/1960): Grundlage des Naturrechts nach Prinzipien der Wissenschaftslehre, Hamburg
Friedrich-Ebert-Stiftung (FES) (2008): Gender in der Pflege. Herausforderungen für die Politik. Expertise erstellt durch Gertrud M. Backes, Ludwig Amrhein, Martina Wolfinger, Berlin
Fthenakis, Wassilios F.; Minsel, Beate (2002): Die Rolle des Vaters in der Familie, Schriftenreihe des Bundesministeriums für Familie, Senioren, Frauen und Jugend, Bd. 213, Stuttgart, Berlin, Köln
Gerhard, Ute (2007): Familie aus der Perspektive der Geschlechtergerechtigkeit – Anfrage an das christlich-abendländische Eheverständnis, in: Zeitschrift für Evangelische Ethik, Themenheft: Die Zukunft der Familie, 51. Jg. Heft 4, 267-279

Gerhard, Ute (2010): Die neue Geschlechter(un)ordnung. Eine feministische Perspektive auf die Familie, in: Feministische Studien, 28. Jg., Nr. 2, 194-213.
Grandke, Anita und Autorenkollektiv (1981): Familienrecht, Lehrbuch, Berlin
Grimm, Dieter (1987): Recht und Staat der bürgerlichen Gesellschaft, Frankfurt a. M.
Hagemann-White, Carol u. a. (1981): Hilfen für misshandelte Frauen. Abschlussbericht der wissenschaftlichen Begleitung des Modellprojekts Frauenhaus, Berlin, Stuttgart
Hausen, Karin (1976): Polarisierung der »Geschlechtscharaktere«. In: W. Conze (Hg.), Sozialgeschichte der Familie in der Neuzeit Europas. Stuttgart, 363-393
Hurrelmann, Klaus; Andresen, Sabine (2010): Kinder in Deutschland 2010. World Vision Studie, Frankfurt a. M.
Jurczyk, Karin; Lange, Andreas; Thiessen, Barbara (Hg.) (2013): Doing family – Familienalltag heute: Warum Familienleben nicht mehr selbstverständlich ist, Weinheim und München
Kağıtçıbaşı, Cigdem (2005): Autonomy and Relatedness in Cultural Context: Implications for Self and Family. In: Journal of Cross-Cultural Psychology, Vol. 36, 403-422
Kaufmann, Franz-Xaver (1997): Herausforderungen des Sozialstaates, Frankfurt a. M.
Kindler, Heinz (2002): Partnerschaftsgewalt und Kindeswohl. Eine meta-analytisch orientierte Zusammenschau und Diskussion der Effekte von Partnerschaftsgewalt auf die Entwicklung von Kindern: Folgerungen für die Praxis, München
Kleingeld, Pauline; Anderson, Joel (2008): Die gerechtigkeitsorientierte Familie: Jenseits der Spannung zwischen Liebe und Gerechtigkeit. In: Axel Honneth, Beate Rössler

(Hg.), Person zu Person: Zur Moralität persönlicher Beziehungen, Frankfurt a. M., 283-312

Kocka, Jürgen (Hg.) (1988): Bürgertum im 19. Jahrhundert. Deutschland im europäischen Vergleich, 3 Bde., München

Kriminologisches Forschungsinstitut Niedersachsen (KFN) (1992): Persönliches Sicherheitsgefühl, Angst vor Kriminalität und Gewalt, Opfererfahrungen älterer Menschen. Deskriptive Analysen krimineller Opfererfahrungen (Teil III): Opfererfahrung in engen sozialen Beziehungen, Hannover

Kumbruck, Christel; Rumpf, Mechthild; Senghaas-Knobloch, Eva (2010): Unsichtbare Pflegearbeit. Fürsorgliche Praxis auf der Suche nach Anerkennung. Protestantische Impulse für Gesellschaft und Kirche des SI der EKD, Münster

Nave-Herz, Rosemarie (2003): Familie zwischen Tradition und Moderne, Oldenburg

NUBBEK (2012): Nationale Untersuchung zur Bildung, Betreuung und Erziehung in der frühen Kindheit, erstellt von Wolfgang Tietze, Fabienne Becker-Stoll, Joachim Bensel, Andrea G. Eckhardt, Gabriele Haug-Schnabel, Bernhard Kalicki, Heidi Keller, Birigit Leyendecker; http://www.nubbek.de/media/pdf/NUBBEK%20Broschuere.pdf

Rawls, John (1979): Eine Theorie der Gerechtigkeit, Frankfurt a. M.

Roßbach, Hans-Günther (2005): Effekte qualitativ guter Betreuung, Bildung und Erziehung im frühen Kindesalter auf Kinder und ihre Familien. In: Materialien zum Zwölften Kinder- und Jugendbericht. 1. Bildung, Betreuung und Erziehung von Kindern unter sechs Jahren, München, 55-174

Rupp, Marina (Hg.) (2009): Die Lebenssituation von Kindern in gleichgeschlechtlichen Lebenspartnerschaften, Köln

Schäfer, Dieter: Unbezahlte Arbeit und Haushaltsproduktion im Zeitvergleich. In: Statistisches Bundesamt (Hg.): Alltag in Deutschland. Analysen zur Zeitverwendung. Wiesbaden, 2004, 247-273

Schwind, Hans-Dieter u. a. (1990): Gewalt in der BRD. Endgutachten der unabhängigen Regierungskommission zur Verhinderung und Bekämpfung von Gewalt (Gewaltkommission), Berlin

Shell-Jugendstudie (2010): Shell-Jugendstudie 2010. Eine pragmatische Generation behauptet sich, Frankfurt a. M.

Sozialwissenschaftliches Institut der EKD (SI) (2010): Armut überwinden – an vielen Orten. Projekte von Kirchengemeinden und diakonische Initiativen, Hannover

Spory, Anke: Familie im Wandel – Kulturwissenschaftliche, soziologische und theologische Reflexionen, Münster/New York, 2013

Statistisches Bundesamt (2003): Wo bleibt die Zeit? Die Zeitverwendung der Bevölkerung in Deutschland 2001/02, Wiesbaden

Statistisches Bundesamt (2012): Geburten in Deutschland, Wiesbaden

Statistisches Bundesamt Pressestelle (2012): Elterngeld, https://www.destatis.de/DE/PresseService/Presse/Pressemitteilungen/2012/11/PD12_406_22922pdf.pdf;jsessionid=F38CAEF9BEAAC4B234081B40F1E341BD.cae1?__blob=publicationFile

Thiessen, Barbara: Re-Formulierung des Privaten. Professionalisierung personenbezogener, haushaltsnaher Dienstleistung, Wiesbaden, 2004

Tillich, Paul (1956): Systematische Theologie, 3 Bde., Stuttgart
Tronto, Joan (2000): Demokratie als fürsorgliche Praxis. In: Feministische Studien extra, Jg. 18, 25-42
Unabhängige Beauftragte zur Aufarbeitung des sexuellen Kindesmissbrauchs, Dr. Christine Bergmann (2011): Abschlussbericht, Berlin
Uslucan, Haci-Halil (2000): Gewalt in türkischen Familien. In: Frühe Kindheit 4, 20-24.
Uslucan, Haci-Halil (2008): Männlichkeitsbilder, Familie und Erziehung in den Communities von Zuwanderern. In: Berliner Forum Gewaltprävention, Nr. 34, 43-55
Volz, Rainer; Zulehner, Paul M. (2009): Männer in Bewegung. Zehn Jahre Männerentwicklung in Deutschland, Forschungsprojekt der Gemeinschaft der Katholischen Männer Deutschlands und der Männerarbeit der Evangelischen Kirche in Deutschland, Berlin
Walper, Sabine/Langmeyer, Alexandra (2008): Auswirkungen einer elterlichen Scheidung auf die Entwicklung der Kinder. Zum Stand der Familienforschung. In: Zeitschrift für Kindschaftsrecht und Jugendhilfe, H. 3, 94-97
Wippermann, Carsten (2011): Milieus in Bewegung. Werte, Sinn, Religion und Ästhetik in Deutschland. Forschungsergebnisse für die pastorale und soziale Arbeit, Würzburg

Mitglieder der Ad-hoc-Kommission

Bundesministerin a. D. Dr. Christine *Bergmann*, Berlin (Vorsitzende)
Prof. Dr. Ute *Gerhard*, Bremen (stellv. Vorsitzende)
Oberkirchenrätin Dr. Kristin *Bergmann*, Hannover
Regionalbischöfin Susanne *Breit-Keßler*, München
Prof. Dr. Kerstin *Feldhoff*, Münster
Kirchenpräsident Dr. Volker *Jung*, Darmstadt
Direktorin Susanne *Kahl-Passoth*, Berlin
Jens-Peter *Kruse*, Hannover
Prof. Dr. Stefanie *Schardien*, Hildesheim
Prof. Dr. Bernd *Schlüter*, Berlin
Dr. Insa *Schoeningh*, Berlin
Prof. Dr. Barbara *Thiessen*, Landshut
Rainer *Volz*, Düsseldorf
Oberkirchenrätin Cornelia *Coenen-Marx*, Hannover (Geschäftsführung)